Yvain Doye

Brotar duele

Karin Boye
Brotar duele

Poemas seleccionados
y comentados por
Theodor Kallifatides

Traducción
de Carmen Montes

Galaxia Gutenberg

Edición al cuidado de Jordi Doce

Traducción del sueco:
Carmen Montes Cano

Publicado por
Galaxia Gutenberg, S.L.
Av. Diagonal, 361, 2.º 1.ª
08037-Barcelona
info@galaxiagutenberg.com
www.galaxiagutenberg.com

Primera edición: mayo de 2025

Preimpresión: Maria Garcia
Impresión y encuadernación: Romanyà-Valls
Sant Joan Baptista, 35, La Torre de Claramunt-Barcelona
Depósito legal: B 89-2025
ISBN: 978-84-10317-82-6

Huddinge es una localidad del sur de Estocolmo. Fui allí por primera vez hace cincuenta y dos años, invitado por mi novia, para que sus padres supieran con quién estaba saliendo.

Estaba nervioso, no tenía ni idea de qué era lo que me esperaba. Era evidente que yo, un griego que había emigrado a Suecia y que apenas había aprendido a «sortear las aristas» del nuevo idioma, no era precisamente un buen partido para una joven atractiva de una familia burguesa con prosapia, ingresos seguros, estudios académicos, viajes al extranjero y residencia de verano.

Estábamos a primeros de junio. La estación de tren de Huddinge era un edificio modesto de color amarillo que olía a humo y a lirio de los valles de Eau Fraîche, una marca a la sazón popular y relativamente barata. Varias mujeres y algunas muchachas jóvenes esperaban el tren rumbo a la ciudad. Hablaban animadamente, no temían nada, el futuro les pertenecía. Me contagié de sus alegres expectativas de pasar una noche en el centro. La angustia que sentía se transformó en un desenfadado regocijo que consiguió que estirase al máximo mi modesta estatura.

Tomé una calle estrecha donde había un par de comercios, uno vendía máquinas de coser Singer y el otro, libros. Aquello me recordó el pueblo en el que nací, y la oleada de nostalgia que me recorrió por dentro suscitó en mí la pregunta de siempre.

¿Qué estaba haciendo con mi vida?

Aquel estado no duró mucho. Hacía un día demasiado hermoso para tan sombrías consideraciones, aunque, al mismo tiempo, la belleza siempre despierta cierto pesar en lo más hondo de las entrañas. Pasé por delante de varios jardines, tomé otra calle y luego una más y, a aquellas alturas, ya iba canturreando para mis adentros unos versos de Yannis Ritsos que Mikis Theodorakis había armonizado: «Un día de mayo te fuiste de aquí, un día de mayo te perdí».

Era una canción triste, pero de lo más apropiada para un día tan hermoso.

Mi novia estaba esperándome junto a unas lilas en flor, y yo sabía que esas flores pertenecían a la misma familia que el olivo que crecía en la parte trasera de la casita que mis abuelos maternos tenían en el pueblo donde nací. Llevaba una falda larga de color blanco y una camisa azul. Y sonreía.

El encuentro con sus padres transcurrió sin dramatismo, bastante relajado, seguramente ya habían inspeccionado antes a unos cuantos pretendientes. Sirvieron el café fuera, bajo un cerezo viejo y alto. Había montones de dulces y galletas, y yo no sabía si debía empezar por un bollo o por una galleta, pero la que iba a ser mi suegra tenía buen ojo para los problemas menores de la vida y me animó a que probara uno de los dulces que había hecho ella misma. Las galletas las había comprado. Así se solucionó el problema, y el café estaba delicioso.

Me sumí en una suerte de melancólica felicidad –pensé con cierta tristeza en mis padres y en lo mucho que les habría gustado estar donde me encontraba yo en esos momentos– mientras seguía con la mirada una flor de cerezo que se había desprendido y caía despacio sobre el largo cabello de mi novia, que se iluminó con más claridad que nunca y despertó en mí un vivo deseo, que traté de ocultar como pude con las manos. A mi futura suegra, tan observadora como era, no le pasó inadvertido y me preguntó si me dolía algo.

–De pronto he sentido una punzada en el estómago.

–Ya, es que brotar duele, como dice Karin Boye –respondió, y esa fue la primera vez que oí aquel nombre.

Karin Boye.

Después, ya por la tarde, mi novia me acompañó a la estación de tren. Había bajado algo la temperatura, yo tenía un poco de frío, pero ella no. De ese modo se puso de manifiesto un patrón que mantendría su vigencia a lo largo de todo el tiempo que luego llegaríamos a estar juntos. Yo tengo frío casi siempre. Ella no tiene frío casi nunca y es como si le costara entender que la gente pueda tener frío. El resultado es una comedia. Yo voy por ahí cerrando puertas y ventanas que ella ha abierto previamente, yo subo la calefacción que ella ha bajado, yo me pongo calzones largos debajo de los pantalones cuando ella va sin medias, yo me protejo la cabeza con un buen gorro mientras ella deja que las gélidas ráfagas de viento le revuelvan la cabellera. Así llevamos cincuenta y tres años, pero esa noche de junio, mientras caminábamos hacia la estación de tren, no teníamos ni idea de ello, sino que nos dedicamos a hablar de Karin Boye.

La cuestión era que la abuela paterna de mi novia, a la cual yo no tendría ocasión de conocer, puesto que ya había fallecido, había sido amiga de la madre de Karin Boye, y las dos mujeres se veían con asiduidad. La localidad de Huddinge no era muy grande, todos se conocían, pero no todos se trataban con todos, sino que reinaba una jerarquía bastante estricta. A mí no me interesaba demasiado la vida de Karin Boye –¿por qué me había de interesar?–, pero sí me interesaba mi novia, así que le pregunté:

–¿Tú la has leído?

Me respondió como un rayo y con una dicción muy cuidada, como suele hacer todo el mundo cuando recita un poema. Nunca he sabido por qué, pero yo también lo hago así. Cuando recito y también cuando escribo poesía. Me embarga la sensación de que tuviera que ponerme el traje más elegante, pero esa noche, rodeado del aroma de las lilas y mientras caminaba con la mano de mi novia entre las mías, mi receptividad era muy superior a cualquier reparo:

El día que nos saciamos, ese nunca es el más grande.
El día mejor es siempre un día de sed y de hambre.

Aquellas palabras me llegaron al corazón, que, desde el día que abandoné mi ciudad, estaba sediento de cuanto había perdido.

–Es muy hermoso y, además, muy cierto –dije, y ella me apretó la mano un poco más fuerte.

Ya no dijimos nada más, pues teníamos que correr a la estación, pero cuando nos dimos el beso de despedida, no lo sentí como un adiós, sino como el principio de una nueva vida.

El tren rumbo a la ciudad iba casi vacío a aquella hora tan tardía. «Tengo que indagar acerca de Karin Boye», pensé, pero no lo hice. Ya había empezado en serio con mis planes de escribir en sueco. No solo por mi voluntad de adaptarme a aquella sociedad, sino sobre todo porque había descubierto que cada realidad exige su propia lengua. Se me antojaba una falsificación escribir en griego, bajo otro cielo y bajo otro sol, acerca de mi vida sueca.

Me parecía que era como traicionar tanto la realidad como a mí mismo. Vivía con una lengua nueva, no la dominaba, pero esa era también una de las condiciones; seguramente, la más importante.

Con los años llegaría a comprender que, en efecto, era la más importante. De modo que me entregué y me abandoné a la lengua sueca sin quejarme, sin protestar, sin verlo como una traición, sin cargo de conciencia, sino con la poderosa sensación de que emprendía una gran aventura, seguramente la más grande, es decir, la de nacer en otro mundo, en otra vida, en otra muerte.

Mi primer libro, la colección de poemas *La memoria en el exilio*, se publicó al año siguiente. Estaba dedicado a Gunilla, la novia que entretanto se había convertido en algo más que una novia, más o menos vivíamos juntos, aunque seguíamos conservando cada uno su piso: aún no estábamos preparados para comenzar a ser una familia.

El libro tuvo una buena acogida, salvo alguna dolorosa excepción, pero la mejor recensión fue la de Gunilla, cuando me dijo que su abuela se habría sentido orgullosa de tener a un poeta en la familia. Como decía, la abuela había sido amiga de la madre de Karin Boye, una persona influyente en los círculos intelectuales de Huddinge, que no eran muy amplios, aunque sí organizaban encuentros periódicos en los que conversaban de las novedades literarias, de política, de la situación de la mujer, etc. Esa época ya había quedado atrás, la generación que influyó de forma decisiva en el desarrollo del extrarradio estaba muerta o se componía de ancianos, pero había dejado tras de sí una herencia, algo parecido a un sentimiento de compromiso de cuidar de nuestro lugar en este mundo. Habían construido un centro, una iglesia baptista, el primer rascacielos, que, en un alarde de originalidad, era horizontal. El responsable de la iniciativa fue el abuelo paterno de Gunilla, un hombre piadoso que estuvo de misionero en China hasta que cayó gravemente enfermo y lo enviaron de nuevo a casa.

A mí me encantaba verme arrastrado a ese ambiente. Me encantaba que hubiera un pasado, una historia, mitologías locales, como, por ejemplo, la del primer comunista cuyo hijo se graduó en el instituto con la máxima calificación en todas las asignaturas –una rareza en el durísimo colegio sueco– y que, por una estimulante casualidad, fue mi primer profesor cuando empecé a estudiar filosofía en la Universidad de Estocolmo, y el primer amigo de verdad que tuve en mi nuevo país. Fue Gunilla la que me lo contó, a él jamás se le habría ocurrido mencionar algo así.

Sentí deseos de leer más acerca de Karin Boye, de Huddinge, de la pequeña iglesia del siglo XIII, del cementerio y los difuntos que allí descansaban, y eso hice. No de una forma sistemática, no de forma metódica, sino más bien mediante excursiones ocasionales a un tiempo remoto que, pese a todo, me conmovía profundamente sin que yo pudiera entender muy bien el porqué. Era como ver fotografías infantiles de la persona a la que quieres. Sin embargo, no fui mucho más allá. Mi viaje por la literatura sueca había comenzado y siguieron unos años febriles. Otros libros, problemas cotidianos, alegrías y penas tomaron el mando, Gunilla y yo nos fuimos a vivir juntos, nos convertimos en una pareja como tantas otras. Adquirimos costumbres, amigos comunes, planes comunes, entre otros, el más importante de todos, tener hijos, y la vida tomó un nuevo rumbo.

Dejamos el piso y nos construimos una casita en Huddinge, al lado de la de mis suegros, que, además, nos habían regalado el terreno. Nuestro hijo, que entonces tenía tres años, era un peón afanoso, se pasaba los días trabajando como un animal de la mañana a la noche, incluso cuando llovía. Nuestra hija estaba en camino, y yo miraba embelesado a Gunilla cuando se pasaba la mano por la barriga, que era una preciosidad. Una montañita redonda que ella llevaba sin problemas. Un embarazo elegante. Puede decirse que éramos felices, y así era cuando volvimos a los dominios de Karin Boye, a las fragantes lilas, a los jardines de manzanos, perales y cerezos.

Un mediodía de domingo, guiados por nuestro hijo de tres años y con la recién nacida en el carricoche, dimos un largo paseo y terminamos recalando al pie de una casa bastante grande de madera de color rojo que se alzaba junto a la iglesia baptista.

Era un edificio impresionante, no tanto a causa de la suntuosidad y la belleza de los detalles como por el incomparable amor de los suecos por un trabajo artesano bien hecho, lo que llaman *snickarglädje*, la arquitectura en madera ricamente labrada. El detalle más estimulante lo constituían las ventanas, que presentaban distintos tamaños, divididas unas en horizontal por la parte superior, otras en vertical por la mitad. Dejaban pasar cautamente la luz del día al tiempo que detenían los vientos desapacibles del invierno. Eran ventanas funcionales, ni más ni menos, embellecían el edificio al tiempo que lo protegían. No eran un mal necesario, no eran algo que hubiera que hacer, sino algo que uno disfrutaba haciendo.

En algún lugar he escrito que si miramos al fondo del alma sueca, encontramos una llave de esas que en español se llama «llave inglesa», en Israel, «el pequeño sueco», y en griego, «llave francesa». La casa estaba rodeada de altos abedules que creaban pasajes de luces y sombras.

–Es Björkebo. Aquí vivió unos años la familia Boye –dijo Gunilla, y enseguida se me llenó la cabeza de imágenes de una luminosa dicha familiar. Pero ¿hasta qué punto podía ser luminosa, en realidad? Corría el año 1915, la Primera Guerra Mundial arrasaba Europa, ¿cómo afectaba todo ello a la vida en Suecia?

–Hay tantas cosas que ignoro de Suecia... –dije algo cohibido.

Mi mujer es un ser pragmático. Se limitó a encogerse de hombros. ¿Cómo iba a saber yo nada sobre Suecia durante la Primera Guerra Mundial? Emigré de Grecia a mediados de los años sesenta, porque yo necesitaba trabajo y Suecia necesitaba mano de obra. Y ahora iba a vivir mi vida en un nuevo país. No era aceptable seguir sumido en la ignorancia. ¿Cómo iba a comprender mi entorno y a las personas que me rodeaban sin conocer el pasado? ¿Cómo iba a comprender la literatura y el arte suecos? ¿Cómo iba a comprender a Karin Boye, con la que, de un modo intuitivo, sentía cierta afinidad?

El día que nos saciamos, ese nunca es el más grande.
El día mejor es siempre un día de sed y de hambre.

Yo no sabía nada de días de saciedad, ni mental ni física, y no estaba muy seguro de a qué tipo de sed se refería.

¿Sed de un paraíso perdido, de un amor malogrado, de un amor imposible o de justicia social?

Estaba claro que necesitaba estudiar.

Ante mí discurría un ancho río, y tenía que adentrarme en él, correr el riesgo de verme arrastrado al fondo y desaparecer, pero ¿acaso tenía otra opción?

Quizá la hubiera. Ocultarse al mundo, vivir a escondidas, como decía Sócrates, crearse un hogar griego en Suecia, solo que yo no quería vivir fuera de mi nuevo país, sino dentro de él.

Tal vez esa fuera «la sed» de la que hablaba Boye. Esa exigencia interior de salir al mundo, llegar a ser otro o llegar a ser nuestro yo verdadero.

En Europa asolaba el terror de la Primera Guerra Mundial. Suecia se había declarado neutral, aunque eso no implicaba que el país no se viera afectado. Resultaba difícil importar mercancías, en 1917 la hambruna era un hecho, la gente se echó a las calles, había disturbios, racionamiento, pero esto ocurría sobre todo en las grandes ciudades; en el campo existían otros recursos, sus habitantes cultivaban verduras, tenían gallinas y quizá un cerdo o una vaca, como los abuelos de mi mujer.

Karin Boye contaba quince años cuando estalló la guerra. Es muy posible que, para su familia, la vida continuara como antes, que su padre siguiera leyéndole en voz alta poemarios y novelas recién publicadas, que su madre siguiera siendo una fuerza motriz de la vida cultural del pueblo, que la muchacha de quince años tuviera unas inquietudes distintas de la guerra en curso.

¿Qué clase de preocupaciones pueden sobrevenirle a una niña de quince años con circunstancias estables o más o menos estables, que vive en una preciosa casa de madera, con un cuarto en la planta superior donde puede cultivar sus sueños y su imaginación sin que nadie la moleste?

Para responder a esta pregunta, hay que buscar en lo más hondo y problemático del ser humano, a saber, la sexualidad. ¿Qué horror no implica descubrir que llevamos dentro algo que en modo alguno controlamos? Un poder que tiene vida propia, que elige sin saber dar cuenta de las razones, que nos acelera el pulso cuando vemos a una persona, que nos obliga a inventar un montón de motivos para estar cerca de esa persona, sin atrevernos a expresar nada de lo que sentimos.

Allá fuera, en el mundo, tenía lugar una guerra terrible. En el interior de la quinceañera Karin Boye arrasaba otra guerra. ¿Quién es esa joven? ¿Qué es? No se atreve a formular esas preguntas directamente, porque acaban siendo metafísica: busca símbolos y paradigmas, pues no es lo bastante fuerte para definirse a sí misma. Yo recuerdo con claridad esa lucha de mi vida adolescente. La oscilación entre distintas identidades de género, la inseguridad, la angustia. Es la época en la que queremos huir del mundo, es decir, de nosotros mismos.

Ella descubrió que estaba enamorada de una muchacha, y sabía que nunca llegaría a decírselo. Al contrario, haría lo posible por ocultarlo, lo que sin duda la abocó a odiarse a sí misma, a odiar su cobardía, su inclinación. ¿Habría algún lugar donde pudiera esconderse de las miradas y las murmuraciones ajenas? ¿Habría algún entorno en el que pudiera ser libre, alegre, fuerte y feliz, donde pudiera hablar sin reservas?

Solo existía un lugar así, que más que un lugar es un espacio. La lengua. En el espacio de la lengua llegaría Karin Boye a vivir su corta vida. Y a veces, cuando la lengua le fallaba, debía de sentirse tan desnuda como un cubito de hielo.

Ser homosexual en Suecia en aquella época no solo era delito en el ámbito de las convenciones, sino también ante los ojos de la ley. Una conducta homosexual podía conducir a penas de cárcel de hasta dos años. Por supuesto, se trataba sobre todo de hombres homosexuales. La homosexualidad femenina era invisible, nadie la tomaba en serio, la consideraban más bien una suplente provisional del acto heterosexual. En el fondo, las mujeres lo que añoraban era el pene, y todo lo demás era un sustituto.

Esa forma de ver las cosas no se basaba en estudios ni hipótesis científicas, sino que emanaba más bien de la posición que la mujer ocupaba en general. Puesto que se consideraba que no estaba en posesión de una fuerza y un intelecto equiparables a los del hombre, tampoco podía poseer sus apetitos.

Todavía en 1991, un diletante como Ian Wachtmeister, político conservador de linaje noble, logró alcanzar gran popularidad con la broma de que «toda mujer que se aleja cinco metros de los fogones debe considerarse una fugitiva». Yo mismo se lo oí decir en varias ocasiones, siempre con el mismo éxito. Todos reían, incluso algunas mujeres.

A Karin Boye y a las mujeres de su generación las educaron para ser amas de casa en el hogar del hombre, complacerlo en todo, no tener opiniones. El matrimonio era un contrato de una vida esclava que las mujeres se veían obligadas a aceptar, pues no había alternativas.

La homosexualidad no se despenalizó en Suecia hasta 1944, es decir, tres años después de la muerte de Karin Boye, pero, entretanto, había cambiado la visión que se tenía al respecto. Ya no se la consideraba un delito ni tampoco un pecado, sino una enfermedad que podía curarse mediante diversas terapias, el psicoanálisis, la lobotomía o el electrochoque. Los homosexuales se libraban de la cárcel y del infierno para ir a parar a una clínica.

Ese era el panorama social cuando Karin Boye descubrió a los quince años cuál era su condición. Era una joven que se sentía atraída por otras jóvenes, un secreto que trató de enterrar en lo más hondo de su corazón, iba camino de convertirse en una mujer y de tener que desempeñar los papeles prescritos para las mujeres sin experimentar la menor alegría. De modo que pasaba muchas horas sola en su cuarto, en lo más alto del imponente chalet, escribiendo poemas, relatos y obras de teatro, dibujando y pintando acuarelas de tema mitológico, mientras esperaba a graduarse en el instituto, dejar su hogar, empezar otra vida, ser libre y fuerte.

Después de la graduación, cursó magisterio en un seminario y, una vez concluido el último curso, se trasladó a Uppsala para estudiar griego clásico, lenguas nórdicas e historia de la literatura, por ese orden.

Los años que pasó en Uppsala no fueron años de libertad, como ella esperaba, sino más bien de lucha por la supervivencia en un entorno que los hombres dominaban sin limitaciones de ningún tipo. Tenían sus rituales, sus clubes, su jerga, sus revistas literarias... Y las pocas mujeres que estudiaban representaban un elemento molesto. Karin Boye, con su singular talento, supuso mucho más.

A pesar de las circunstancias, debutó ya durante el primer año en Uppsala con *Nubes*, una colección de poemas. Tenía veintidós años. Este es el poema central del libro.

Oración nocturna

No hay nada como este instante.
La última hora muda de la noche.
No hay pesar que nos abrase
ni voces que nos convoquen.

Ven, toma entre tus dedos
el día que se ha ido en un suspiro.
Sí, bien sé que tornas bueno
cuanto he hecho o he incumplido.

Males pienso, males hago.
Pero tú todo lo sanas y limpias.
Y mis días vas transformando
de grava en piedras finas.

Sé quien alza y quien sustenta,
yo solo puedo abandonarlo todo.
¡Tómame, guíame, haz que te quiera!
¡Sea de mí solo tu antojo!

I

¿Quién es ese tú al que se dirige el poema? Puede ser ella misma, puede ser Dios u otro tipo de divinidad –aunque Boye no es creyente–, puede ser la mujer de la que está enamorada en secreto. Sin embargo, cada una de esas interpretaciones reduce el alcance del poema. Es como poner nombre a un río y creer que así sabemos algo más sobre él.

Homero comienza la *Ilíada* invocando a la diosa. «Canta, oh Diosa, la ira…», pero sin decir en qué diosa está pensando. O igual estaba pensando en su abuela, ¿qué más da? Nietzsche escribió que en la guerra de Troya participaron miles y miles de personas, pero que fue Homero, que no estuvo allí, quien escribió la *Ilíada* y la *Odisea*.

En todo arte esencial existe un elemento que se eleva por encima de la experiencia vivida.

Con frecuencia tratamos de comprender una obra literaria a partir de la biografía del autor, y es cierto que podemos obtener una serie de claves, por ejemplo, por qué se escribió la obra, cuándo y dónde. Pueden ser datos importantes, pero no nos dan la respuesta a la pregunta de por qué ese poema se escribió como se escribió.

Permítanme que me explique.

«La nube en pantalones» es uno de los poemas más célebres de Maiakovski. Dicen que se le ocurrió el título un día que iba en tren por Siberia. No estaba solo en el vagón. Una joven se encontraba allí cuando él llegó. La muchacha se puso nerviosa enseguida y él se dio cuenta. La tranquilizó, le dijo que no tenía nada que temer, que él no era un hombre, que era solo una «nube en pantalones».

¿En qué parte de su cerebro se encontraba esa expresión? ¿Acaso existía antes de que él la formulara con palabras? No.

Seguramente, así ocurrió también en el caso de Karin Boye. La realidad existe. Sin embargo, la poesía se crea en una esfera que está por encima de ella.

¿Cómo podríamos llamar a esa esfera? Yo no tengo ninguna buena propuesta. Karin Boye, en cambio, sí la tenía.

Tú.

Podemos llamarla *tú* si nos sentimos en ella como en casa, tal como le ocurría a Karin Boye. Quizá ese fuera el único lugar en el que se sintiera en casa.

Ya en esta primera colección de poemas apreciamos dos elementos que estarán presentes en toda su producción lírica. El ritmo y la naturalidad de la rima. Sin duda, un infierno para cualquier traductor. Yo he hecho varios intentos de traducir a Boye al griego, con resultados bastante irregulares, pese a la plasticidad de esa lengua. Traducir el sentido no plantea ningún problema, pero conseguir que suene como suena en Boye, esa es otra historia. Naturalmente, cabe preguntarse por qué habría que prestar atención a la rima. ¿No es el sentido más importante que el ritmo? Puede que sí. Y puede que no, dado que la experiencia del sentido forma parte del hecho de comprenderlo. Sería algo así como leer las notas de Bach sin oír la música. Podemos comprender la música, pero sin oírla.

En este sentido, Karin Boye pertenece a la misma categoría de poetas que Constantino Cavafis. Son prácticamente intraducibles, pero además poseen una fuerza inigualable en su propia lengua. Sus palabras se convierten en parte de la memoria colectiva, se convierten en dichos que oímos en los contextos más inesperados, logran introducirse en la lengua cotidiana y permanecen en ella incluso después de que se haya olvidado su origen.

¿Quién piensa hoy en Ovidio cuando asegura que «el tiempo cura todas las heridas»? Sin embargo, fue Ovidio quien lo afirmó en una de sus pónticas. ¿Quién piensa en Cavafis cuando decimos «esperando a los bárbaros»? Y, sin embargo, fue él quien acuñó la expresión en uno de sus poemas más célebres.

Karin Boye poseía a sus veintidós años la capacidad de fijar en la lengua una expresión que, a su vez, quedaba grabada en el lector. Por lo que a mí respecta, me estremezco cada vez que leo los poemas que siguen.

Encrucijada

Vi luces brillar, luces divinas sobre cimas eternas.
Dichosas iban en misterioso resplandor inquieto,
alumbradas por Dios como por el sol las cadentes per-
las,
alumbradas por la quietud en mundos sin tiempo.

¡Ay de mí, soy de pie torpe para vías de altura arreba-
tada,
ay de mí, moldeada en barro, con mente de acero y
piedra!
Nunca hallaré mi sitio entre quienes sueñan y felices
callan,
ni el halo santo de la contemplación laureará mi cabeza.

Te he de buscar, mi Dios, en lo humillado, lo gris y lo
sencillo,
te he de buscar en el mundo, en afanes y tareas diarias.
La áurea paz del cielo que mi corazón tanto ha perse-
guido,
¿es mejor que tu sufrir, que tu lucha ardiente y santa?

Señor, tu dicha es tuya. Tú te ocultas, tú tomaste y tú
diste.

Da lo que ofreces: no paz, sino tu lucha; y tu alma da
con creces.

Señor, en la batalla del mundo, como hoja o arco mi yo
te sigue.

¡Dame un trono, si es lo que deseas, o una cruz, si así lo
quieres!

A una esfinge

Eres en el frío pantano como la caracola,
allí no llegan los rayos del sol.
Nunca se arrastra fuera de la concha
ni logra olvidar su prisión,
solo su más honda esencia
puede mantener oculta
y entre las algas
soñar proezas,
pero nunca
sin fisuras
vaciarse en acciones o en palabras.

Tu discurso está colmado de ironía.
Pretendes ocultar,
con fingida frialdad,
el calor de la vida
que ahí dentro late.
Pero se aterra tu voz,
singularmente suave.
Y ondea un rubor
tras la palidez de tu mejilla.

Un mar de fuego arde
a escondidas
donde nadie adivina,
adonde no llega nadie.

Eres frágil de más, blanda y sensitiva
a todos esos chirridos que sajan:
tienes que llevar coraza
en el brutal juego de la vida.
Eres en el frío pantano como la caracola,
que nunca se arrastra fuera de la concha,
tan inalcanzable,
tan inexplicable
que nadie se gana tu confianza.

Lo mejor

Lo mejor que poseemos
nunca se puede entregar,
no podemos pronunciarlo,
dejarlo escrito, jamás.

Lo mejor que hay en tu espíritu
nada lo puede manchar,
brilla en lo más escondido
para ti y para Dios, nada más.

Es culmen de esa riqueza
que otro no pueda alcanzarla.
Dolor de nuestra miseria,
que otro no pueda lograrla.

El deseo de un pintor

Quería pintar un mínimo fragmento
del día más esforzado, laso y triste,
con la luz del fuego que hizo posible
que del Creador surgiera el mundo entero.
Quería mostrar que lo desdeñado
es santo y hondo y velo del Espíritu.
¡Quería pintar una cuchara de palo
y que el hombre intuyera ahí al Divino!

A un descendiente desconocido

Partí mi pan, que hornearon otras manos,
bebí mi vino, que yo misma no había hecho.
Quienes lo hicieron nunca probaron
su fruto sin antes cruzar oscuros senderos.

Lo que he sembrado recogerás mañana.
¡Ojalá dé cientos de frutos mi semilla!
Llevan gozo quienes llevan ajena carga,
siegan vidas quienes la cosecha ajena siegan.

Hacia dentro

A *mi* Dios
y *mi* verdad
vi
en un singular instante.
Las palabras y las órdenes
de los hombres callaban.
El bien y el mal,
todo lo olvidó mi alma.
Mi Dios
y *mi* verdad
bebí
en la angustia de ese instante.

Mi Dios
era salada negrura,
mi verdad,
metal duro.
Temblé en lo más hondo.
Me quedé desnuda,
bañada por oleadas
de fría verdad,

fría, fuerte,
desdeñosa verdad:
mi Verdad
y *mi* Dios.

Noche de deseo

Si una estrella se suelta
y cae blanca surcando el aire,
cumplirá, dicen, todos los ruegos que alcancen
su trayectoria breve y brillante.

Yo espero, espero sin cesar. Es abril,
una noche tibia y atenta de abril,
en que la hierba crece y las estrellas escuchan:
¡qué tranquilas recorren esta noche su camino,
ni una sola tropieza y cae!

Pero, si me duermo, no pasa nada de nada:
si esta noche llega a soltarse una estrella,
tiene que sentir mi ruego donde caiga,
aunque yo esté dormida;
pues toda, toda la noche callada,
es todo, todo el espacio infinito,
¡rebosante de mi único deseo!

¡Oh, una afilada hoja…!

¡Oh, una afilada hoja,
elástica, flexible y fuerte,
oh, una hoja grácil en la danza,
que obedece orgullosa la ley más estricta,
la dura ley del ritmo en el acero!
¡Oh, una afilada hoja
querría ser yo en cuerpo y alma!

A ti te odio, sí,
a ti, mi vil naturaleza de mimbre,
tú que te dejas trenzar y retorcer
obedeciendo paciente la mano de otros.
A ti te odio, sí,
a ti, mi holgazana criatura soñadora.
Vas a morir.
Ayúdame, odio mío, hermano del deseo,
ayúdame a convertirme
en hoja, sí, hoja,
¡danzante espada de acero templado!

Tú

Fresca es tu voz como rumor de manantial, y tu ser,
ácido y fresco, como los fragantes frutos de otoño.
Claro reposa en tus ojos
el regocijo frío del alto septiembre.

Un manantial eres, cuyo chorro, brillando soleado,
bello por su equilibrio, bello por el rigor de su arco,
bello por su fuerza, posee
el poder de amar límites y nobles dimensiones.

¡Viva tu calma juguetona, tu salud primaveral!
¡Viva la nobleza dulce, divina, de tu espíritu,
dibujada en la pureza de tus rasgos
y en la armonía cantarina de tu cuerpo!

La mañana

Cuando el sol de la mañana por el cristal se filtra sigi-
   loso,
contento y cauto,
como un niño que quiere sorprender
temprano, muy temprano, en un día festivo...
Entonces, colmada de creciente júbilo, extiendo
los brazos abiertos al día que se acerca...
¡Pues el día eres tú,
y la luz eres tú,
el sol eres tú,
y la primavera eres tú,
y toda esa vida hermosa, la hermosísima
vida que aguarda eres tú!

A la belleza

Cuando caen nuestros dioses
y nos vemos solos entre ruinas,
tan sin arraigo ya para nuestros pies
como esferas en el espacio…
entonces apareces un instante, tú, gran Belleza.
Entonces, solo entonces.
Tan severa como el fuego dices palabras de consuelo:
«Todo puede caer… yo permanezco en pie».
¡Oh, sigue, sigue aquí tú, sagrada,
y libra mi alma
de la mentira de un pesar sin medida!

Memoria

Serena quiero dar las gracias a mi sino:
nunca te pierdo del todo.
Como la perla crece en la concha,
dentro de mí
germina tu esencia de rocío dulcemente.
Si al final un día yo te olvidara...
entonces serás sangre de mi sangre,
entonces tú y yo seremos uno...
¡así lo quieran los dioses!

Desarraigada

Perder el hogar del alma y marchar lejos
y no encontrar después ninguna cosa,
y hallar que olvidamos qué es la verdad,
y pensar que estamos hechos de mentira pura,
y sentir asco de uno y hasta odiarse…
sí, eso es fácil, sí, bastante fácil.
La tristeza es fácil; la alegría, altiva y difícil,
pues lo más simple de todo es la alegría.

Mas quien busque para sí un hogar aparte
no ha de creer que existe en cualquier sitio…
deberá vagar desarraigado por un tiempo;
y quien esté hecho de mentiras y quiera sanar
deberá odiarse para alcanzar lo que pueda
de una verdad que a los demás han regalado.
¿De qué vale penar tanto por eso?
¡Aguarda, corazón mío, y ten paciencia!

Pequeñas cosas

Si no puedes dar un paso más
ni levantar la cabeza,
si te hundes cansada bajo una grisura sin remedio,
da las gracias satisfecha a esas pequeñas cosas amables,
portadoras de consuelo, infantiles.
Tienes una manzana en el bolsillo,
un libro de cuentos en casa:
pequeñas cosas, mínimas, despreciadas
en aquel tiempo que irradiaba vida,
pero bastiones discretos en las horas muertas.

Declaración

Hundida en tu belleza,
veo declarada la vida
y revelada la respuesta
al oscuro enigma.

Hundida en tu belleza,
quiero rezar.
El mundo es sagrado
pues en él estás.

Sobrecogida de claridad,
en luz inmersa,
querría yo morir contigo,
hundida en tu belleza.

Tú, mi consuelo más puro

Tú, mi consuelo más puro,
tú, mi más firme resguardo,
eres lo mejor que tengo:
nada duele como tú.

No, nada duele como tú.
Ardes como hielo y fuego,
cortas como acero mi alma,
eres lo mejor que tengo.

Vía media

Pedí una vez alegría sin límites,
pedí una vez tristeza, como el espacio, infinita.
¿Crece acaso la modestia con los años?
Hermosa, hermosa es la alegría, como hermosa es la
    tristeza.
Pero lo más hermoso es hallarse en el campo de batalla
    del dolor
con la mente serena y ver el sol que brilla.

Lo que no tiene nombre

Mucho hay que duele y que no tiene nombre.
Mejor callar y abrazarlo conformes.

Mucho es secreto y oscuro y dañino.
Mejor sufrirlo con fervor y mimo.

Mejor creer sin miedo en lo secreto
sin pisar semillas que están creciendo.

«Aquí no exploró el pensamiento nunca.
¡Madre de todo, guíame segura!».

Es bueno escuchar la voz de la Madre:
a una inquietud muda, un consuelo mudo cabe.

Pide una cosa

Pide una cosa:
profunda gravedad
... lo cual llegó a ser perdición de muchos...
Pero pide una cosa más,
una cosa que solo a los fuertes se concede:
la taciturnidad del corazón.

II

Naturalmente, la vida de Karin Boye en Uppsala cambió después de aquel estreno. Impresionaba por su juventud, pero también, si no sobre todo, por el hecho de ser mujer. Eran muchos los hombres jóvenes con ambiciones literarias que no estaban conformes con que los superasen de aquel modo. No intentaron entender el libro, sino cómo era posible que lo hubieran publicado y, además, en la principal editorial de Suecia.

No tengo intención de abordar con detalle la vida de Karin Boye, pero sí trataré de ver sus *parámetros*. El hecho de ser una de las pocas mujeres que estudiaban constituía de por sí una situación de vulnerabilidad. El haberse labrado, además, un nombre acentuaba esa situación. El problema del talento es que atrae a enemigos que también lo poseen.

Claro que Karin Boye contaba con varias amistades fieles –mientras les conviniera, eso sí–, pero ella deseaba algo más, ella deseaba la fidelidad total, la que quebranta la soledad, la que consuela en los momentos difíciles, la que protege a las personas implicadas como una manta calentita en una noche de frío.

Naturalmente, volvió a enamorarse en secreto de una mujer sin atreverse nunca a desvelarlo, pero también se sintió atraída por algunos hombres; uno de ellos era homosexual y Boye quiso intentar que cambiara, o cambiarlo a él y de paso cambiarse a sí misma... Aquella relación no prosperó. Su soledad crecía a la par que su éxito.

Sin embargo, no cabe pensar que fuera desgraciada o que estuviera sola en todo momento. Se relacionaba asiduamente con otras estudiantes y, en secreto, la llama latía en su interior por una o dos de ellas, pero también coqueteaba con algún compañero de estudios.

Karin Boye no era una belleza. De estatura más bien baja, un tanto rellenita, pero con aquella mirada profunda que tenía ya de niña, grave y ligera a un tiempo, lejana y próxima a la vez, y con la voz algo quebrada. No era ningún trofeo, pero sí una promesa.

¿Estaría acaso representando un papel? No es imposible. De vez en cuando se rendía, se encerraba en sí misma o dejaba el cuarto de estudiante de Uppsala para volver a la casa de Huddinge y descansar cerca de su padre, al que adoraba, para jugar a ser una tirana con sus hermanos pequeños y discutir con su madre, con la que no se llevaba del todo bien.

Sin embargo, en su interior crecía un nuevo parámetro: la rebelión. Un buen día, Karin Boye decidiría arrojar todas las cadenas, las sexuales, las sociales, las jerarquías heredadas, las ideologías moribundas, como el extático *Übermensch* de Nietzsche, con su correspondiente egolatría. Poco a poco, nuestra poeta empezó a descubrir la existencia de «El Otro».

No fue un descubrimiento menor. En realidad, es necesario para poder crecer, para, en sentido estricto, convertirse en un individuo distinto de los demás, en un ser humano distinto de los otros. Sin embargo, no resulta fácil liberarse de los primeros dioses del hogar, mostrar el *no país* propio. De ahí tal vez el título de la segunda colección de poemas, *Tierra oculta*, y acaso los versos que siguen así lo indiquen:

> Sé de un camino que lleva a casa.
> Es un camino duro de seguir.

Karin Boye aún no estaba preparada para emprender ese camino, pero sabía que existía. Como atestigua *Tierra oculta*.

Día de verano

El mar descansa en calma matutina,
se diría que nunca sufrió una tempestad,
como un poderoso espíritu
en soleada calma matutina,
cargado de devoción... leve
por la fuerza de la claridad.
Nítido se refleja, y afilado,
el precipicio desnudo de las rocas.
Con sencilla transparencia
la ancha hondura se elonga.
Con rectilínea claridad,
ligero y limpio todo ha de quedar
dibujado, seguro, en vaporosa calma,
bañado en el aroma de la sal.
Con rectilínea claridad,
pensativo, parejo y limpio
avanza el día en la luz espacial,
cual piedra preciosa, fino.

El camino a casa

Sé de un camino que lleva a casa.
Es un camino duro de seguir.
Todo viajero acaba en él como indigente,
y muy poca cosa y feo y gris.

Sé de un camino que lleva a casa.
Es un camino limpio y sin maleza.
Es como apoyar la cálida mejilla
en la despiadada piedra.

Pero quien ha sentido esa piedra
en la sangre de la mejilla hecha hielo,
notará lo suave que es su rigor,
lo fiel y lo seguro y lo bueno.

Y tendrá aprecio a lo que es duro
y dará las gracias a la piedra
y ensalzará el único combate
cuya victoria valió la pena.

Las estrellas

Ya se acabó. Ya me despierto.
Y camino serena y fácilmente,
cuando no hay nada que esperar,
cuando no hay nada que me pese.

Ayer, oro rojo; hoy, hoja seca.
Mañana no ha de quedar ni un ápice.
Mas las estrellas arden, como ayer, calladas,
esta noche en el espacio circundante.

Ahora quiero hacer entrega de mí misma
y que ni una pizca de mí misma quede.
Decid, estrellas, ¿acogeríais acaso
a un alma que ningún tesoro posee?

Con vosotras la libertad es impecable
en vuestra paz remota de los tiempos.
Seguro que nunca vio vacío el azul
quien os entregó su lucha y sus sueños.

La desconocida

Yo nunca he visto tu mano sanadora.
Cuando nadie sabe, a oscuras, ahí estás.
Aguardo queda y con esquiva confianza
en soledad.

Tú, mi hermana y madre, tú y yo y no yo,
tu nombre es noche, es incógnita oscura.
Te intuyo gigante, poderosa, ciega,
callada y muda.

Sabes de honduras de horrores que no he visto
y me angustia quebrantar tu ley secreta.
Pero conoces el dulce consuelo que el día
de sol me niega.

En silencio he escondido en ti mi herida,
y hasta que se vació el alma entre espinas fue doliendo.
En la oscuridad tocaste la espina... y se abrió
en rosa de invierno.

A un poeta

¡Tú lo *sabías…*!
Pues, de no haberlo sabido,
no habrías podido decir tal cosa.

Rara alegría crepuscular que tú también conocieras
todo este peso.
Tu amistad extraviada vaga por los siglos.
Así calma el incendio de la fiebre.
Y, cuando me duermo aliviada,
siento que, junto al lecho, como mi padre, la mano me
    sostienes.

Las cosas invisibles

I

Vosotras, cosas leales,
que mi lealtad buscáis todas,
junto a vosotras olvido
que quiero a las personas.

Vosotras, cosas seguras,
a vosotras me rindo sin más,
pero brumas y rocío
son las promesas de amistad.

Vosotras, cosas potentes
que no tenéis cuerpo ni alma,
¡ay, brindadme entre vosotras
el hogar más seguro que haya!

II

Y aun así, tú, camarada,
tú las cosas me ofrecías.
En ellas está tu belleza,
que otra belleza no habría.

Llegaste a ser mi gran sed
de mundos de color blanco,
a ser la visión que, fresca,
contra el pesar me ha templado.

Tú, atisbo de tierras lejanas
que el ala anchamente despliegas,
el que lleve a ti es mi camino,
que otro camino no queda.

Aprende a callar

Cada noche terrestre está llena de maldad.
Corazón, aprende a callar.
Los duros espíritus, los duros escudos
reflejan luces del hogar de las estrellas.

Tu lamento te hace más débil.
Corazón, aprende a callar.
Solo el silencio cura, el silencio curte,
casto sin mancha, verdadero sin culpa.

¡Buscas la vida ardiente del dolor!
Corazón, aprende a callar.
A nadie fortalecen la fiebre y las heridas.
Claro como el acero es el castillo celeste.

Canción de primavera

En primavera, cuando todo germina,
la cáscara de la simiente se quiebra
y el centeno es centeno y el pino, pino,
en libertad impuesta.

Un escalofrío de sensualidad
el alma y el cuerpo transita…
que yo soy yo, yo necesario…
un germen que encontró salida,

un brote primaveral cuya fuerza
aún apenas puedo entrever…
pero el amargor de la savia del tronco,
ese lo siento con placer.

¡Fuera, pues, toda esta cobardía!
Yo pertenezco a mi porvenir.
Me tomo el derecho de crecer
como quieren las fuerzas de la raíz.

El consuelo de las estrellas

Anoche pregunté a una estrella,
luz lejana donde nadie habita:
«¿A quién alumbras, estrella extraña,
que tan clara y tan grande caminas?».

Mi lamento se quedó mudo
al mirarme sus ojos celestes:
«Ilumino una noche eterna.
Ilumino un espacio inerte».

Mi luz es flor que se agosta
en el tardío otoño del espacio.
Esa luz es mi consuelo todo.
Esa luz es consuelo sobrado.

Paz vespertina

Mira si la Realidad habita cerca.
Respira aquí mismo
en tardes sin viento.
Quizá asoma cuando nadie se lo espera.

Hierba y rocas el astro sol recorre.
En su juego silente se oculta
el alma de la vida.
Nunca estuvo tan cerca como anoche.

A un extraño que callaba he visto.
Si yo hubiera alargado la mano
habría rozado su alma
al cruzarnos caminando esquivos.

El niño

Junto a la roca yacía Prometeo encadenado.
De buena mañana se le acercó un niño.
–¡Detente, niño, y contempla
al amigo del hombre, con hierro encadenado
por todo el bien que hizo!
Pero el niño, asustado
por la grandeza de esas palabras y el desafío de sus ojos,
se alejó sigiloso rogando a Zeus
en busca de juegos más amables…
Yo quería seguirte en silencio allí donde vas.
Los sabios y los niños consiguen jugando
cuanto en el cielo hay escondido.

Agua de manantial

Agua de manantial es la justicia,
clara y transparente.
Indetectable y particular
es el rico sabor que tiene.
Pero esta bebida es harto pobre
cuando hay vino que beber.
Solo agua es la fuente.
Pero allí deseo apagar mi sed.

Solo agua es la justicia,
apenas nada que alcanzar...
tan cercana, difícil de querer,
bebida áspera de probar.
¡Señor, dame justicia,
que mi alma siga su especie!
¡Señor, dame agua
clara y transparente!

Da las gracias

Da las gracias a tus dioses
si te mandan caminar
por sitios donde no hay huellas
en las que confiar.

Da las gracias a tus dioses
si te achacan la deshonra por entero.
Deberás buscar refugio
un poco más adentro.

Lo que todo el mundo condena
se resuelve a veces sin trabas.
Muchos que eran fugitivos
se ganaron su alma.

Quien se ve abocado al bosque
lo ve todo con mirada niña
y con gratitud saborea
el pan y la sal de la vida.

Da las gracias a tus dioses
cuando tu cáscara quiebren.
La realidad y ese fruto
serán la opción que te quede.

Algunos corazones son tesoros...

Algunos corazones son tesoros
que nunca, nunca se acaban.
Su dueño los reparte desprendido
en corrientes de sol claras.
Llenos de gratitud aceptamos
ese don con mano discreta.
¡Dichoso y bendito tú que proteges
por igual oro y arena!

Algunos corazones son hogueras
que en lo oculto hierven.
En la noche más fría arrojan
un reflejo sobre la nieve.
Nadie va tan hechizado
en vivo recuerdo eterno
como quien una noche vio ese brillo
y ansía llegar al fuego.

Anhelo

¡Ay, haz que de verdad viva
y que un día muera de verdad,
y que así la realidad alcance
para bien y para mal!
Y haz que pueda estar serena
y venere lo que veo,
para que todo sea lo que es
y solo eso.

Si de toda una larga vida
tan solo un día quedara,
buscaría lo más hermoso
que posee la vida mundana.
Lo más hermoso en el mundo
es la honradez, nada más,
pero convierte la vida sola en vida
y en realidad.

Así es el ancho mundo,
un pétalo cargado de rocío
en cuyo interior reposa

una gota de núcleo cristalino.
Esa sola gota serena
es el tesoro de la vida.
¡Ay, hazme digna de ver su interior!
¡Ay, hazme limpia!

El árbol

Cuando cierro la puerta, con la luz apagada,
y el aliento del ocaso de pronto me abraza,
siento que a mi alrededor se mueven
unas ramas, las ramas de un árbol.

En mi cuarto, donde nadie más habita,
extiende su sombra suave de muselina.
El árbol crece bien, vive en silencio,
se torna lo que desee cualquier extraño.

Un poder secreto, un poder espiritual,
en las raíces del árbol ha puesto su voluntad.
A veces tengo miedo y pregunto angustiada:
¿Seguro que somos amigos?

Pero él crece despacio y vive en paz,
y yo no sé dónde quiere ir ni cuál es su final.
Es dulce y mágico vivir tan cerca
de alguien que nos es desconocido...

La doncella guerrera

Soñé con espadas anoche.
Soñé con la batalla anoche.
Soñé que luchaba a tu lado
armada y fuerte, anoche.

Duros rayos arrojó tu mano
y a tus pies cayeron los troles.
Los nuestros se agruparon para cantar
bajo amenaza de una oscuridad silente.

Soñé con sangre anoche.
Soñé con muerte anoche.
Soñé que caía a tu lado,
herida de muerte, anoche.

No, no reparaste en mi caída.
Se te veía la boca grave.
Con mano firme el escudo sostenías
y seguiste tu camino, adelante.

Soñé con fuego anoche.
Soñé con rosas anoche.
Soñé que mi muerte era bella y buena...
Todo eso soñé anoche.

III

Como sea, ella no tuvo una muerte hermosa y buena, pero no nos precipitemos. Con dos libros de poemas publicados, Karin Boye se convirtió en un potente foco de la vida universitaria de Uppsala, y le correspondió el insólito honor de pronunciar el discurso anual, que tituló *Discurso dirigido al hombre*, en la fiesta estudiantil de la primavera. Fue un suceso totalmente fuera de lo común, y la joven Karin Boye pasó días de mucha angustia, pero superó la prueba sobradamente y, además, en verso, y concluyó su alocución con un llamamiento que daría que hablar largo y tendido:

Cual madona alzaste antaño a la mujer sobre el planeta
y, cuando tus ardientes versos lograron conmoverla,
al devoto trovador entregó su zapato de oro.
Hoy, a tu lado, se ha convertido en hija de la tierra,
y entre hombre y mujer ha caído el muro de lo ignoto.
Ya no lleva halo de gloria ni son áureos sus zapatos,
y si entre nosotros vale un simple apretón de manos,
lo afrontaremos todo como antes, codo a codo.

En esos versos, que fluyen sin tropiezos, hay una revolución: las palabras grandilocuentes y los gestos ampulosos se ven sustituidos por un apretón de manos entre el hombre y la mujer. No se puede definir mejor la igualdad.

Esta fue una buena época para Boye. No parecía tener ninguna preocupación, trabajaba mucho y escribía artículos políticos y literarios, como el ensayo titulado *El lenguaje más allá de la lógica*, en el que preconizaba una nueva poética basada en conocimientos psicoanalíticos.

Reinaban tiempos de cambio. De repente, el *Übermensch* nietzscheano fue a parar al sofá de los psicoanalistas, codo a codo con la antigua *Madonna* que había descubierto su sexualidad, y los escritores hacían cola. El núcleo intelectual de Europa se trasladó de París a Berlín, donde un tal Adolf Hitler atraía a diario nuevos seguidores, organizaba reuniones y manifestaciones y cimentaba un mensaje simple, nacionalista, antisemita y anticomunista.

Fue una época extraordinaria, sin duda. Berlín se convirtió en la capital de la cultura más excelente y de la barbarie más extrema.

Karin Boye, al igual que otros jóvenes intelectuales, tenía el punto de mira en Alemania. Algún día podría viajar allí. Mientras tanto, empezó a familiarizarse con las ideas socialistas; junto con Gunnar Ekelöf –que andando el tiempo se convertiría en una de las figuras principales de la poesía sueca–, entre otros intelectuales, creó una revista y comenzó a trabajar en su tercer libro de poemas. Como es lógico, también se enamoró en varias ocasiones, por ejemplo, de la mujer del mencionado Gunnar Ekelöf, y vivió el desengaño, la euforia y la depresión profunda, pero no podía ser de otro modo: Karin Boye no tenía talento para gozar de una felicidad duradera. Simplemente, se aburría.

Al final, vio la luz el tercer volumen de poesía, con un título tan equívoco como un bosque lejano en la noche: *Los lares.*

Sentí curiosidad por saber qué asociaciones suscitaba ese título en los lectores contemporáneos e inicié un sondeo de opinión privado. Resultó que, al oírlo, la mayoría pensaba en personas curtidas o templadas por la vida. Un arqueólogo me contó que los restos de hogueras eran el hallazgo más común en arqueología, y que nuestros antepasados solían delimitar el fuego con un círculo de piedras. Un ingeniero al que pregunté me dijo que pensaba más bien en acero templado; un maestro, en la dura educación escolar; una madre, en que no hay que abrigar demasiado a los niños, para que se vuelvan duros y resistentes al frío.

Por lo que a mí respecta, todavía no lo he comprendido. El sintagma «los lares» figura ya en el primer poema, y con un sentido muy claro: el de puntos de reunión. Los humanos se reúnen en torno a las corrientes de agua y a las hogueras. Puede que Karin Boye quisiera ensalzar la dura lucha del ser humano por la supervivencia. Es imposible saberlo, pero poco importa, puesto que este tercer libro contiene varios de los poemas más imponentes que escribió, entre otros, el primero, un extenso híbrido estilístico en el que armoniza estallidos épicos y susurros líricos, donde los vientos de la historia también soplan en el interior más recóndito de un ser humano que está solo. Es un conjunto de poemas extraordinario e imponente, impregnado de la nostalgia de una vida distinta, más grande.

Dedicatoria

Aquí, en Uppsala, en sus llanos desiertos,
paseamos a menudo las noches de invierno.
Íbamos en silencio. El llano era inmenso.
Los astros ardían desde un tiempo eterno.

Los astros ardían mudos y horrendos.
A la par íbamos, sin conocernos,
con distinto afán, con distinta visión.
Llano y cielo, todo lo amábamos tú y yo.

Aquí se alzaron un día los lares de antaño,
aquí, al resplandor de mundos lejanos.
Juntando hogueras en la edad pagana
reunían su rebaño mientras el suelo se helaba.

Aquí surcaron la tierra con el primer arado
entre aullidos de lobos, en el bosque la surcaron.
Aquí, en las ascuas de fuegos sagrados
horneaban con el grano un pan duro y basto.

Aquí estaba la corte, donde inmolaban a las masas
llenas de horror cuando el crudo invierno amenazaba,
llenas de llanto bajo latentes cúpulas ligeras
cuando una noche total temblaba en torno a la tierra.

¡Ved cómo titilan las luces en las llanuras
luchando contra las noches de invierno oscuras!
La noche es infinita y la tierra, corteza frágil.
¡Dame la mano! Somos criaturas de los lares.

I

Gélidos muros y silencio gélido
protegen la paz en mi tierra del alba,
donde el aire tiembla, pálido de hambre
de vida solar y de solares llamas.
Las zarzas en la angustiosa espera
encierran en su tallo aún pelado
todas las llamas que piden y suplican
poder abrirse y florecer temprano.

Tú conoces la palabra, solo tú.
Habla, ¡habla y despierta mis campos!
Libera a los árboles de su angustia del alba,
¡enciende el aire con tu mano en alto!
Lloverán flores para que tu pie las pise,
bailarán los rayos cuando ría tu boca.
¡Habla, habla! Solo pido florecerte
a la alegría, y no otra cosa.

Callado está el espacio, pálido de hambre.
Rígida y fría tengo la mano cerrada.
Gélidos muros y silencio gélido

protegen la paz en mi tierra del alba.
Y bien sé yo que la palabra mágica
no se dirá nunca, y nunca seré libre.
Mudos se cierran tus finos labios
si cual gacela vas ante mí con paso firme.

2

Mi alma entera la he vinculado a una idea,
fuerte, fuerte, para sentirla en la mano,
mi alma entera la he lanzado por los aires,
lejos, hasta ti.
Si la ves por tierra como una piedra estelar caída,
aún ardiendo en la arena después de vuelo tan alto,
si pasas junto a ella a tu acelerado ritmo,
será que no estás pensando en mí.

Mi alma entera la he vinculado a una idea,
mi alma entera yace pesada a tus pies.
Y yo estoy tan vacía que me escuece y duele.
¡Tú, tú, mi dulce compañía!
¿No ves, o es que no quieres ver,
lo que quedó arrancado de su trémula raíz?
¿De nada te sirve mi alma pobre?
¿Soy acaso un estorbo todavía?

3

Si tomo tu mano demacrada,
se amustian todos
los sueños de una tierra de sol clara.
¡Que caigan al fondo!
Flores en blanco y rosa,
frutas que cosechar,
todo eso nada importa
comparado con tu pesar.

Olas de espuma salobre,
rocas doradas,
palidecen ante tus noches
grises y áridas.
Si los golpes del destino no alcanzo
a curar jamás...
¡dame tu día amargo
para compartirlo ya!

¡Dame tu otoño yermo!
Yo sé pasar frío.
Si hay un vislumbre de consuelo,

que se vea su brillo.
De luz, tan solo unas gotas
te serán cedidas,
en esta tu casa sola
entrego la vida.

4

Cada palabra tuya es como una semilla.
Hunde su raíz en lo más profundo.
Un dolor secreto me despierta
y no consigo hallar remedio alguno.

Me consume entonces, como una sed agria,
cada movimiento que hayas hecho.
Cada tono tuyo y cada mirada
se vuelven próximos, claros e inmensos.

Mi día es gris por mí y por mis cosas,
que enturbian tu contorno.
Mas claro espejo es el mundo de la noche
y en él tú eres todo, todo.

5

Yo creo que la muerte es como tú,
alta y pálida y derecha como tú,
las sienes fundidas en el mismo cuenco
de ojos marinos, de ojos distantes, como tú.
y con los mismos labios cerrados de sufrimiento.

Tú eres la muerte. Yo soy tuya,
tuyo es el ánimo y la mano, tuya.
Todas las fuerzas vitales apagas,
has adormecido en calma tristura
sueños y hazañas, que no han probado las alas.

Pero yo te quiero a ti, mi muerte,
tú, mi larga y agria muerte,
en cuya mano cerrada se marchita mi vida.
Tú, mi dulce, dulce muerte...
¡Bendigo cada instante que me mortificas!

6

Todo, todo cuanto poseía
era, más que mío, tuyo.
Lo más bello que deseaba
era tuyo, tuyo, tuyo.

Contigo dije en voz alta
lo que nadie en el mundo sabrá.
Por caminos infinitos
tú eras mi soledad.

Si pasaba la noche en vela
tendida sin pensar en nada,
si respiraba te sentía a ti, a ti.
En todas partes estabas.

No hay vida en una vida
de la que tú ya te has ido.
El mundo es un cascarón inmenso
con el interior vacío.

7

Leves campanillas lila en el llano de Kungsängen
recogí una primavera, cuando creí que otoñaba.
Mi corazón era como ellas... aunque mucho menos
     leve...
muda campanilla roja que una voz propia reclama.

¿Adónde va todo ese canto que ahogan y que enclaus-
     tran?
¿Adónde va todo ese anhelo, que a nada llega?
Acaso abunde diseminado en el mantillo y el agua.
Acaso esté silbando en el viento que nos rodea.

Yo ya no puedo más, pese a que nada ha ocurrido.
Muerta estoy de agotamiento. ¿Por qué estaré tan can-
     sada?
¿Acaso habré luchado en tierras que nadie ha visto?
¡Una ardua tarea afronté ante las puertas del alba!

Piedras anduve arrastrando en una noche sin sueño.
Brillante y esplendoroso se alzó un castillo de mármol.

Mi angustia hizo las almenas. En la risa del arroyuelo
no se oye ya que, una vez, toda gota fue llanto.

Por las pétreas columnas arden rosas como fuego
y torres blancas de sol beben del cielo la paz azul.
«Consuelo», se lee en sus puertas. Y dentro el aire es
    sereno.
Y yo he pedido a los ángeles que allí puedas vivir tú.

Puse mis campanillas ante tu puerta cerrada.
No supo entonces mi mano dejar sueltos sus badajos.
Dices que tu vida es como antes, igual de amarga.
Pero yo te construí un palacio en un país muy lejano...

8

La palabra dicha, dicha queda
y hasta el fin de los tiempos sigue intacta,
y ninguna noche de angustia llega
a borrar esa palabra.

Mas raro es que una palabra sola pueda
ahogar lo bello que hay en nuestro recuerdo
y hacer tierra de nuestra más frágil quimera,
hasta que solo exista el arrepentimiento.

Así se enfrían dos años largos, crueles,
en que brotó a la luz lo más hermoso,
por una palabra que eterna permanece
y convierte mi vida en un oprobio.

9

De rodillas quiero dar las gracias
por tu sonrisa.
En el ahogo y la ansiedad
un soplo suave suspira.
Muy amargo y salado es el llanto
que llora quien se arrepiente.
Sé bien que sientes desprecio.
Perdóname, si es que puedes.

Durante largas noches y días
he aprendido con esfuerzo
que aquí hemos venido a perder
aquello que más queremos.
Yo quiero besar tus pies
porque te vi sonreír.
Una sonrisa sin burla...
eso ya es mucho, sí.

10

Siento tus pasos en el salón,
siento en cada nervio tus ágiles pasos
en los que nadie más repara.
Me envuelve un viento de fuego.
Siento tus pasos, que tanto quiero,
y me duele el alma.

Caminas lejos, al fondo del salón,
pero el aire se ondula ante tus pasos
y canta igual que cantan los mares.
Yo escucho presa de una fuerza voraz.
En el ritmo de tu ritmo, al son de tu caminar,
mi pulso late de hambre.

11

Existe una dicha de la muerte,
una dicha de la perdición
que solo un ser puede dar
a mi boca y su apetito,
la dicha inexorable
de abrazar sin medida
y hundirse en el abismo negro
del pozo del exterminio.

Me desprendí de tu sombra.
Ahora crece a mi alrededor.
Recorro mis caminos,
tu nombre voy escuchando.
Elegí la luz del día
y quiero tu oscuridad.
Quiero dar visión y vida
por tu alma y tu regazo.

12

Laureada voy de una corona de llanto
con la flor ardiente de nuevos dolores,
aunque mi vergüenza la borró una fría mano
y tu juicio fue blando y misericorde.
Me tambaleo ebria de dolor y ahogo.
He probado el jugo amargo que codicio.
Quiero más, quiero ver la copa hasta el fondo.
Quiero morir ante tu umbral, aquí mismo.

Ya tiene vida la noche y poder el firmamento,
y realidad la tierra y las cosas inertes.
Estoy feliz en el esplendor inmenso de lo negro
y ardo en el fuego de un dolor viviente.
Estoy orgullosa de compartir tu pena,
la vieja angustia que has reavivado me enriquece.
Pero el vértigo de júbilo que me rodea...
ese es el aliento de la muerte.

13

Cae la nieve, silba el viento,
la corriente del Fyris está quieta.
La tierra es dócil y el cielo está ciego
y la vida yace desierta.

Sucedió un sueño, un sueño ayer,
hoy ya me he despertado.
¿Cuándo volverá a ser tanto tu padecer
que yo pueda compartir tu daño?

Qué largo es un día. Qué largo es un día.
Más larga aún es la noche.
En helada prisión mi juicio se confina
y la razón cada vez más se encoge.

14

Aquí quiero quedarme, en esta calle, con frío,
para ver en dos ventanas de cierta casa un brillo.
Mucho quiero a quien ahí dentro habita.
Se me enferma el corazón al ver la luz encendida.

A la esquina he de ir, despacio he de girarme,
por si viera asomar tu figura un instante.
Con lo cerca que estás... ¿Qué hago aquí todavía?
Se me enferma el corazón al ver la luz encendida.

15

Lluvia de estrellas que la noche arroja,
relámpagos que en el vuelo destellan,
altivos soles que la noche ahoga...
¿quién lo llamaría cataclismo?
Ardiente llama hasta el final,
rígida ante la idea de perderlo todo
acabarás rota, te extinguirás
como canción antigua cargada de destino.

Cúspides nevadas de imponente figura,
mares océanos al despuntar la aurora,
bosques inmensos de infinita anchura...
así es cuanto de ti sé yo.
Aturdida de mar por el rugir del rompiente,
cegada de sol a la luz de la nieve,
adormecida en sueños de gloria al rumor silvestre...
así bendigo yo tu esplendor.

En la oscuridad

Tendida en la oscuridad, oigo despierta
cómo atruenan las campanas ahí fuera
con redobles largos, pesados, uniformes,
como hondos suspiros de la noche.

Todo lo acallan y todo lo adormecen,
y la forma brumosa de los objetos disuelven
en truenos largos, pesados, parejos,
de los que nunca se libra el pensamiento.

Yo estoy entre quienes existen apenas
y solo conocen, solo recuerdan
los latidos de la oscuridad de siempre,
que ningún mañana quieren.

Que ningún mañana temen.

Por fuerza

Un sacerdote soy de la pobreza
y siempre lo seré, dadlo por cierto.
Quien nada tiene es quien más se arriesga,
libre para la acción y el pensamiento.

Oigo la burla de esa voz maligna:
«Haces virtud de la necesidad.
¿Qué es aquello de lo que te privas?
Pero ¿y si *tuvieras* pan?».

Sí, es verdad que yo me he visto
a la puerta de la dicha mendigando
y llorando, pues nada me han ofrecido
y todo estaba vacío como antaño.

Sí, es verdad, todo es obligado.
Pero ¿ha de valer menos por eso?
Un sentido tienen nuestros cantos:
hacer amable ese destino nuestro.

Las golondrinas

Golondrinas de alas planeadoras, surcando el aire
  como flechas,
muy alto, en la anchura que azulea,
en ráfagas silbantes leves como el viento,
haciendo mofa de la inercia de la tierra...
como una burla,
gráciles, tintineando ligeras,
el peso de nuestros corazones con desdén alcanzáis al
  vuelo,
como un júbilo,
surgiendo de alturas cimeras,
mensaje del poder de los espacios
traspasado de luz en el juego...
Se pone el sol,
pero allá arriba, a vuestro alrededor, se demora
todo el esplendor del día,
alto en un territorio ganado
en un juego, feliz y aéreo.

Ahí tuve que detenerme. Ese poema cayó sobre mí como un rayo. Recrea el vuelo de la golondrina, no lo describe. Las golondrinas vienen todas las primaveras a construir su nido en mi casa de verano. Les gusta vivir cerca de las personas, lo que tiene su explicación. En la mitología griega, claro está, que lo explica todo. La golondrina no era un ave al principio, sino una joven hermosa cuya hermana estaba casada con un rey brutal y poderoso que, presa del deseo que sentía por su cuñada, la violó y le cortó la lengua para que no pudiera delatarlo. Por esa razón no cantan las golondrinas, solo emiten un gorjeo incoherente.

Pasó el tiempo, el rey tuvo un hijo a quien amaba por encima de todo en el mundo. Mientras tanto, la mujer muda había ido bordando pacientemente toda la historia sobre el crimen del rey y, cuando su hermana vio el bordado, comprendió lo ocurrido y se vengó matando al hijo del rey, que también era su propio hijo, y sirviéndoselo cocinado para la cena. Sin embargo, ese crimen también se descubrió, y el rey montó en cólera y trató de matar a las dos hermanas, que emprendieron la huida.

Entonces, los dioses se hartaron y los convirtieron a los tres en sendos pájaros. La hermana muda se transformó en una golondrina. La reina consorte, en un ruiseñor. Y el rey, en una abubilla, hermosa de contemplar, pero con un canto horrísono. A la golondrina, además, le concedieron el privilegio de poder vivir cerca de los humanos, mientras que el ruiseñor canta a solas y escondido su bello y triste canto.

Ignoro si Karin Boye conocía el mito, pero no me sorprendería que así fuera –tenía predilección por lo griego–, y me sorprendería menos aún que se identificara a un tiempo con el ruiseñor cantarín y con la muda golondrina. Y, en ocasiones, deseaba ser algo totalmente distinto.

Quiero afrontar…

Armada, erguida y con coraza
marché resuelta…,
mas con terror se había fraguado mi malla
y con vergüenza.

Quiero arrojar mis armas,
espada y escudo.
Toda esa hostilidad tan inhumana
enfrió mi mundo.

He visto las semillas secas
germinar al fin.
He visto la clara hierba
resurgir.

Poderosa es la vida que comienza
más que el hierro
extraído del corazón de la tierra
sin remedio.

En regiones invernales la primavera germina:
allí me helaba.
Quiero afrontar las fuerzas de la vida
desarmada.

De una niña mala

Espero de veras que no tengas reposo.
Espero que, como yo, no pegues ojo
y que sientas una rara alegría y emoción…
y mareo y angustia y mucha irritación.

Y, de pronto, que te entre la prisa
por echarte a dormir contenta y tranquila.
Espero que tardes una hora siquiera…
¡Espero que pases la noche en vela!

En movimiento

El día que nos saciamos, ese nunca es el más grande.
El día mejor es siempre un día de sed y de hambre.

Claro que nuestro viaje tiene propósito y sentido,
pero lo que de verdad vale la pena es el camino.

La mejor meta es la noche para poder descansar,
para encender el fuego y partir deprisa el pan.

En sitios donde tan solo una vez descansamos
es segura la quietud y el sueño, lleno de cantos.

¡Adelante, adelante! El nuevo día despunta.
Infinita es nuestra gran aventura.

Este breve poema se convirtió en uno de los más queridos, y aún lo es. A través de él, Karin Boye conectó totalmente con el pueblo sueco. El resto de los poemas de ese tercer volumen se pierde en una temática cristiana. Algunos son buenos, otros, menos buenos. Sin embargo, quiero añadir uno más a esta antología.

Los días ya idos

Cuando un hombre viejo yace enfermo, sus días ya
    idos aparecen
y se sientan benignos en círculo alrededor de su cama.
No se conduelen, no lloran ni gimen.
Mueven la cabeza despacio y piensan en cosas antiguas.
Y cada uno relata su historia jamás olvidada
y cada uno lleva consigo una vela y la enciende apaci-
    blemente.
Se miran claros en el espejo de las aguas de los ríos os-
    curos.
Él camina, camina bajo bóvedas, bajo arcos de luz
    temblorosa.

IV

1927 fue un año raro. El tercer volumen de poesía resultó un éxito y Karin Boye se convirtió en una poeta reconocida, pero perdió a su padre, al que quería muchísimo, y que era el único miembro de la familia que la comprendía, que apreciaba la singularidad de su talento y que, al mismo tiempo, la animaba a estudiar. Por parte de su madre no tenía el mismo apoyo; de hecho, la relación con ella era bastante conflictiva, con lo que la pérdida del padre debió de resultarle muy dolorosa. Además, seguro que provocó en ella cierto sentimiento de culpa. Lo sé.

Yo sentí una culpa semejante cuando perdí a mi padre. Por no haberle mostrado el amor que merecía, por haberme alejado tanto de él en mi deseo de ser independiente. Cuando lo veía sentado, siempre con el periódico entre las manos, viejo y cansado después de haber pasado mi infancia y mi adolescencia con dos trabajos distintos, después de haber vivido la vida como si no le perteneciera a él, sino como si nos perteneciera a los demás, me invadían unos sentimientos tan intensos que me alejaba corriendo, a veces con los ojos llenos de lágrimas.

¿Qué podía hacer yo para ofrecerle algo de lo que él me había dado a mí?

Estos pensamientos debieron de torturar también a la joven y exitosa Karin Boye, que cargaba con su secreto como con una cruz. En efecto, ella no era como las demás muchachas. Ella no llegaría a darle nietos. Además, se había marchado de casa. La vida de estudiante en Uppsala reclamaba todo su tiempo. Tenía sus propias batallas que pelear.

Puede resultar difícil comprender lo que significaba en aquella época ser una mujer con talento y homosexual, el acoso diario, las habladurías, la arrogancia y la estupidez conjuntas de los varones académicos, pero también el recelo de las demás jóvenes estudiantes. En ocasiones, Karin Boye estaba tan deprimida que contemplaba la posibilidad del suicidio, incluso trató de suicidarse.

La joven Boye debió de sentirlo todo como una traición a su padre, como si su muerte fuera culpa suya, sencillamente.

Así me sentía yo también cuando murió mi padre. Yo no era homosexual, pero nunca llegué a ser lo que él esperaba, lo que le habría reportado consuelo y confianza cuando se sentaba a solas, viejo y cansado, a leer el periódico. No entré en la universidad ni conseguí trabajo, tuve que emigrar a Suecia con las últimas reservas de algo parecido a cierta dignidad.

A todo esto hay que añadir que el amor a un padre es mucho menos físico que el amor a una madre, a cuyo regazo acudimos en busca de consuelo y cariño. De hecho, aún hoy soy capaz de recordar el aroma de mi madre, pero no recuerdo un solo abrazo de mi padre, salvo los saludos tímidos y fríos cuando iba a casa de tarde en tarde.

En algún sitio he leído que a Karin Boye su padre le dio una palmadita en la cabeza poco antes de caer en el sueño eterno. Todo el amor que sentía por ella no se manifestó con mayores gestos. Probablemente, tampoco ella manifestó el que sentía por él.

La intimidad entre padres e hijos varía de una época a otra, de una edad a otra. Yo, por ejemplo, nunca vi a mis padres desnudos. Nuestros hijos nos han visto desnudos siempre, pero ellos no tardaron en empezar a proteger su integridad y a cerrar la puerta cuando iban a cambiarse de ropa.

Karin Boye creció en una época en que la relación entre padres e hijos se articulaba según unos códigos y límites concretos. No era el modelo ideal para un niño que necesitara más libertad y lealtad, como era el caso de Karin Boye. Lo más seguro es que no se sintiera libre con su padre, pero, en todo caso, él estaba de su parte y, cuando falleció, ella quedó más sola aún y con un cargo de conciencia mayor.

Sartre escribió que su padre tuvo el buen gusto de morirse pronto y dejarlo crecer en paz. El filósofo francés tenía sed de libertad y aceptaba la vulnerabilidad y la soledad del ser humano, siempre y cuando así fuera un poco más libre.

Karin Boye no habría estado de acuerdo. Seguramente, no habría estado dispuesta a sacrificar su libertad, pero la muerte de su padre no la hizo más libre, sino que simplemente la dejó más sola y más perdida.

¿Qué podía hacer? No era capaz de escribir poemas, de modo que se entregó más enérgicamente aún a la vida universitaria de Uppsala, se convirtió en un personaje con el que todos contaban, conoció a un joven de ideología socialista que había estudiado economía, se prometieron, Karin Boye escribía artículos y ensayos, e incluso publicó su primera novela: era capaz de hablar, pero tardó nada más y nada menos que siete años en poder cantar de nuevo. Se prometió con el joven economista Leif Björk en 1928, y se casó con él en 1929 para separarse dos años después.

Se han escrito muchas páginas sobre ese matrimonio tan breve, pero ninguna la escribió ella. Su cuñado, su hermano, sus amigos y conocidos, todos escribieron al respecto. Explicaciones, conjeturas, suposiciones, puras habladurías, interpretaciones psicoanalíticas.

Me pasé horas mirando la fotografía de boda con la esperanza de llegar a comprender algo, pero lo único que conseguí apreciar en su sonrisa indefinida y en su mirada burlona no fue amor ni felicidad, sino desafío. Como si quisiera decirle a todo el mundo: «Mirad. También soy capaz de querer a un hombre».

Como es lógico, no es que confíe en mi interpretación, pero ¿por qué iba a confiar en la de otros? Lo que sucede en el alma de una persona queda oculto incluso para ella. Así que dejaré que Karin Boye se guarde sus motivos, no puedo adivinar lo que pensaba, pero sí leer lo que dejó escrito. No es seguro que el escritor dé cuenta en su obra de la verdad sobre sí mismo, y ello no con el fin de engañarnos, no para confundirnos, sino, simplemente, porque el escritor tampoco lo sabe. Puede que Tolstói creyera que él quería a su hija, pero era incapaz de comprender que la trataba como si fuera un pescado incomible. Seguramente, así se sentía también Karin Boye. No siempre daba aquello que exigía a los demás. En todo caso, hay algo de lo que tenemos testimonios, entre otros de Olof Lagercrantz, una figura fundamental en la vida cultural sueca anterior y posterior a la Segunda Guerra Mundial.

Lagercrantz conoció personalmente a Karin Boye, trabaron amistad y un día él la invitó a cenar. Después de la cena, fueron paseando hasta la casa de Boye. Al despedirse, Lagercranzt le dijo: «Pronto vendré a verte otra vez».

Ella podría haber dicho gracias, haber sonreído y haberle dado un abrazo antes de irse, pero le respondió: «Seguro que no». Karin Boye no soportaba la falsedad. Estupendo, pero ¿fue Olof Lagercrantz falso esa noche? Era imposible que ella lo supiera con certeza y, a pesar de todo, así lo juzgó.

En otra ocasión cuenta Lagercrantz que Karin Boye y él se encontraban a bordo de un barco rumbo a Finlandia, junto con otros escritores. Dio la casualidad de que se quedaron a solas en la cubierta unos instantes. Hacía una noche preciosa, estaban los dos solos bajo la mirada de la luna. Lagercrantz, que además era un *caballero* elegante, suspiró hondo y dijo: «Sería capaz de arrodillarme ante ti». «¿Y por qué no lo haces?», se limitó a responder ella, rompiendo así la magia del momento.

No pretendo desacreditar a Karin Boye en ningún sentido, pero, desde luego, se pueden tratar los sentimientos de los demás con un poco más de empatía, e intentar ver un granito de verdad incluso en declaraciones y gestos algo teatrales. Cuando nos ofrecen una rosa, no podemos responder con una bofetada.

El matrimonio con Leif Björk fracasó al cabo de dos años y Karin Boye siguió afianzando sus acciones en la volátil bolsa de la vida cultural, pero de pronto se produjo otro cambio. Dejó todos sus compromisos y se marchó a Berlín, resuelta a zanjar el tema de su homosexualidad por medio del psicoanálisis. Aspiraba a liberarse de lo que seguramente interpretaba como una cruz en su vida, pero el desenlace fue el opuesto. Empezó a visitar a uno de los psicoanalistas célebres del momento, nadie sabe qué dijo en esas sesiones y, lo que es más importante aún, qué no dijo. Sí sabemos que Karin Boye interrumpió el tratamiento para dedicarse a descubrir Berlín, la Babilonia de la época.

En el terreno sexual no eran muchas las prácticas que se excluían. Sexo en grupo, sadomasoquismo, variantes homosexuales para los dos sexos, prostitución pura y dura, pederastia, etc.

Pese a todo, en medio de las orgías, también podía encontrarse aquello con lo que tantos, incluida Karin Boye, sin duda soñaban. El amor de toda la vida, ese amor que hace que el corazón nos tiemble como una hoja de álamo, ese amor que no podemos dominar ni evitar, el que eleva al ser humano a un deleite que supera cualquier otro, y en el que cada instante que pasamos con la persona amada se convierte en un oratorio jubiloso.

Karin Boye conoció a Margot Hanel. Ella se convertiría en su compañera para toda la vida, cada una se convertiría en el destino de la otra. Pero ya abordaremos de nuevo ese capítulo más adelante.

V

Cuando volvió de Berlín, Karin Boye estaba resuelta a acabar con las falsedades de su antigua vida. Escribió la novela *Merit despierta*, en la que disecciona la cárcel del matrimonio, cómoda en muchos sentidos, y volvió a Berlín, es decir, a la compañía de Margot Hanel; pero también a un nazismo cada vez más encumbrado.

Conviene señalar que, por un lado, Karin Boye estaba fascinada por el sentido y la importancia que el nazismo concedía a la masa organizada, apreciable en la coreografía de aglomeraciones y de manifestaciones ingentes; por otro lado, también era capaz de ver adónde conducía todo aquello. Se tomó el nazismo en serio mucho antes que la mayoría de los intelectuales de Suecia, como demuestra claramente en su novela *Crisis,* que se publicó un año después de la visita a Berlín.

Karin Boye tenía ya treinta y cuatro años, era una mujer separada y con éxito. Lista para empezar una nueva vida. Una vez más, regresó a Berlín para ver a su amada Margot Hanel y comprobó que se encontraba en peligro. En efecto, la joven era judía y los nazis habían dejado de ocultar sus propósitos respecto a los judíos.

¡Qué difícil debió de ser aquello para las dos! Karin quería a Margot, no podía dejarla en Alemania. Margot quería a Karin, pero ni quería ni podía abandonar a su familia para marcharse a otro país.

¿Cuántas noches pasaron en vela hablando del tema?

Después de cada abrazo, se quedarían perplejas ante la pregunta: ¿Qué hacemos?

Margot Hanel era doce años más joven que Karin Boye. Tan solo tenía veintidós. Dejar su país, a sus padres, su lengua, era una decisión de enorme trascendencia para ella. Poner su vida totalmente en manos de aquella poeta a la que tanto quería.

El amor no es una póliza de seguros. Se acaba tan rápido como surge. Karin Boye debió de albergar sus dudas. ¿Tenía derecho a convencer a aquella joven de que lo dejara todo? ¿Qué ocurriría si luego la relación entre ellas no funcionaba?

¿Por qué me detengo tanto en este asunto? Porque yo me encontré en la misma situación cuando dejé mi país. ¿Debía convencer a mi novia de que viniera conmigo? ¿Sería capaz de soportar tanta responsabilidad? Al mismo tiempo, era yo el que iba a alejarse de todo lo que había sido mi vida. El problema se resolvió por sí solo cuando mi novia se enamoró perdidamente de un joven francés y se casó con él antes de que yo me marchara con una responsabilidad menos y una tristeza más.

Margot Hanel no podía dejar a Karin Boye. Estaba demasiado enamorada. Así que se fue con ella a Suecia. No es fácil saber cómo era la relación entre las dos, pero un año más tarde Karin Boye publicó su cuarto libro de poemas, *Sea por el árbol*. Ya era capaz de cantar otra vez.

Nunca he terminado de comprender ese título. ¿Qué quiere decir? ¿A qué se refiere? No es que falten interpretaciones, pero ninguna me convence. Puede que ni la misma autora lo supiera. Sea como fuere, no me importa, prefiero leer esos poemas en los que un ave tan rara como Karin Boye volvió a cantar otra vez. Quien no tenga corazón, que no lea.

En ningún lugar

Enferma estoy de veneno. Enferma estoy de una sed
para la que la naturaleza no creó bebida alguna.

De todas las tierras manan arroyos y fuentes.
Me inclino y bebo, de las venas de la tierra,
su sacramento.

Y los cielos rebosan de ríos sagrados.
Miro hacia arriba y noto los labios húmedos
de éxtasis blancos.

Pero en ningún lugar, en ningún lugar...

Enferma estoy de veneno. Enferma estoy de una sed
para la que la naturaleza no creó bebida alguna.

Clamáis por gente

Clamáis por gente grande. ¿Qué da grandeza
a un ser humano?
Verse aniquilado y olvidarse de sí mismo por aquello
    que es
más grande que él.

Los impenitentes claman. Ellos crecerían como gigantes
en el instante en que se arrodillaran a la sombra de las
    cosas inmensas.

¡Pero alzad la voz hasta que los dioses despierten, hasta
    que nuevos dioses
se alcen y respondan!
Cuando ya nadie pregunte por la gente, estará vuestra
gente aquí, en pie.

Ese instante

Ningún cielo nocturno estival sobrecogido
alcanza tan lejos en la eternidad,
ningún lago, cuando se aclaran las brumas,
refleja tanta quietud
como ese instante...

en que los límites de la soledad se extinguen
y los ojos se vuelven transparentes
y las voces se vuelven sencillas como vientos
y nada hay ya que esconder.
¿Cómo puedo, ahora, tener miedo?
Nunca te he de perder.

Claro que duele

Sí, claro que duele cuando se abren los capullos.
¿Por qué, si no, habría de dudar la primavera?
¿Por qué enredarse en la palidez amarga y gélida
toda esa ardiente añoranza nuestra?
El capullo sirvió de escudo en invierno.
¿Qué es lo nuevo que consume y quiebra?
Sí, claro que duele cuando se abren los capullos,
duele por lo que crece
y lo que cierra.

Sí, claro que es duro cuando se arrancan las gotas.
Con temblorosa zozobra, densamente, cuelgan,
se agarran a la rama, se hinchan, resbalan...
el peso las desploma por más que se aferran.
Duro es estar dudoso, partido y asustado,
duro oír que el abismo nos llama con avidez
y aun así seguir ahí temblando...
duro es querer quedarse
y querer caer.

Entonces, cuando todo va mal y no alivia nada,
se abren los brotes, casi exultantes.
Entonces, cuando ningún miedo las atenaza,
con un destello las gotas de la rama caen,
se olvidan de que lo nuevo las aterraba,
se olvidan de que las angustiaba el trayecto...
sienten un instante la seguridad suprema,
descansan en la confianza
que crea el universo.

Una quietud se expandió

Una quietud se expandió blanda como soleados bos-
ques de invierno.
¿Cómo se volvió firme mi voluntad y el camino, a mí
sumiso?
Llevaba en la mano un cuenco grabado de sonoro cris-
tal.

Entonces se me volvió el pie muy cauto, y no tropezará.
Entonces se me volvió la mano prudente, y no temblará.
Entonces me vi inundada y llevada por la fuerza de co-
sas frágiles.

Tú eres la semilla

Tú eres la semilla y yo tu humus.
Tú germinas en mí, ahí dentro yaces.
Tú eres ese hijo que se espera.
Yo soy tu madre.

¡Tierra, dame tu calor!
¡Sangre, dame tu savia!
Un poder desconocido requiere hoy
toda mi vida pasada.

La cálida ola que fluye
no conoce dique alguno,
quiere seguir creando,
se abre al futuro.

Por eso siento este dolor tan vivo
ahora en mi interior:
algo crece y me estalla dentro...
¡eres tú, mi amor!

Si yo pudiera seguirte

Si yo pudiera seguirte lejos de aquí,
más allá de cuanto conoces,
a la soledad del mundo
de los más remotos espacios exteriores,
donde la Vía Láctea hace ovillos
de una espuma estridente y muerta,
y donde tú buscas apoyo
en vertiginosas esferas.

Ya lo sé: no es posible.

Pero el día en que, temblando, surjas
invidente de tu bautismo
atravesando el espacio,
yo oiré tu grito,
seré para ti un nuevo calor,
seré para ti un nuevo regazo,
seré para ti cercana en otro mundo
entre cosas de nombre aún no nato.

Rubia mañana

Rubia mañana, extiende tu suave cabello
por mi mejilla y respira intacta en tu silencio.
La tierra abre más y más su cáliz gigantesco,
nacida de nuevo en cerrada oscuridad.
Con alas puras
desciende el Prodigio como un insecto enorme
para rozar apenas ingenuos
pistilos en vigilia.

La mañana del séptimo día…

Maduro como un fruto

Maduro como un fruto descansa el mundo en mi re-
    gazo,
ha madurado esta noche,
y la cáscara es esa fina película azul que se extiende
    redonda cual burbuja,
y el jugo es ese dulce y aromático, corriente, ardiente
    flujo de luz solar.

Y en ese todo transparente voy corriendo yo como una
    nadadora,
sumergida en un baño de madurez y nacida para un
    poder de madurez.

Consagrada para la acción,
liviana como una risa,
hiendo un dorado mar de miel que desea mis manos
    hambrientas.

Despedida

Querría haberte despertado a una desnudez como una
noche desnuda de principios de primavera,
cuando las estrellas rebosan
y la tierra arde bajo la nieve que se derrite.
Quiero haberte visto una sola vez
hundirte en la oscuridad del caos creador,
querría haber visto como un espacio amplísimo tus
     ojos,
listos para colmarse,
querría haber visto como flores abiertas tus manos,
vacías, nuevas, a la espera.

Te vas, y nada de esto te he dado.
Nunca alcancé el lugar donde tu ser yace desnudo.
Te vas, y nada de mí llevas contigo...,
me abandonas a la derrota.

Pero yo recuerdo otra despedida:
nos lanzaron fuera del crisol como una sola criatura,

y cuando nos separamos ya no sabíamos
qué era yo y tú...
Pero tú... has dejado mi mano como un cuenco de
    cristal,
tan acabado como solo queda la cosa muerta, y tan
    inmutable,
tan sin otros recuerdos que las leves huellas dactilares
que se eliminan bajo el agua.

Querría haberte despertado a la informidad de una in-
    forme
llama palpitante,
que encuentra al fin su forma viviente, la suya propia...
¡Derrota, ay, derrota!

Ahora sé

Ahora sé cuánto ocultabas y callabas.
Ahí estaba tu corteza.
Pero ¿por qué te has escondido tan bien de mí?
Esa idea me atormenta.

Lo sé. Lo recuerdo: un solo caso
en el que osé condenar...
y el hechizo de tu paisaje interior quedó
oculto por siempre jamás.

Mientras nuestro amor tenga un requisito,
aunque solo sea uno,
será este amor una mano cerrada...
y eso será lo justo.

El árbol bajo la tierra

Bajo la tierra crece un árbol.
Un espejismo me persigue,
un canto de cristal viviente, de plata ardiente.
Como la oscuridad ante la luz
todo el peso debe derretirse
donde solo una gota cae del cantar de las hojas.

Una angustia me persigue.
Rezuma de la tierra.
Allí se atormenta un árbol en pesadas capas de tierra.
¡Oh, viento! ¡Luz del sol!
Siente ese tormento:
promesas del aroma de prodigios paradisiacos.

¿Dónde camináis, pies, que pisáis
tan blando o tan duro
que la costra se quiebra y entrega su presa?
¡Sea por el árbol, tened compasión!
¡Sea por el árbol, tened compasión!

¡Sea por el árbol, por él os llamo desde los cuatro
puntos cardinales!

¿O tenemos que esperar a un dios...? ¿Y a cuál?

Los ojos son nuestro destino

Los ojos son nuestro destino.
Qué solos os quedáis, pobres ojos,
con estrellas que se niegan a apiadarse
al modo de lo vivo y lo terreno.
Si hubiera visto menos,
otros pensamientos pensaría
y no estaría ahora marginada,
dada a los justos como premio.

Sagrada, sagrada, sagrada
es la verdad, es espantosa,
y yo lo sé y me amoldo,
pues ella a todo tiene derecho.
Pero la carne y la sangre se estremecen,
la vida va buscando lo vivo,
y es cálida la compañía de los humanos
y frío el desprecio.

Suplicante y errabunda voy
entre años luz fríos, gélidos,
buscando ayuda para, al fin,

de la tumba poderme levantar.
Recuerdo con ardiente afecto
unos ojos lejanísimos,
perdidos ellos también
en el mar de la soledad.

Entonces no puedo quejarme.
Entonces debo dar las gracias.
Con ellos he compartido
lo que sé, lo que recuerdo.
Y en la oscuridad vislumbro
hogar, también compañía.
¡Fraternos ojos amados!
Ahí os tenía. Ahí os tengo.

Confesión

No encajo como rebelde
y me obligaron a serlo.
¿Por qué no es mío mi sino?
¿Por qué sigo pensando en ello?
O, si tengo que luchar,
¿por qué ha de ser un tormento?
¿Por qué no lucho en son de triunfo
si al final me obligan a hacerlo?

Sangre mía, jueces duros
que me apartáis con oprobio,
al verme rechazada sentí
que había incumplido un todo,
sentí una comunión sagrada
tras palabras de condena,
supe con angustia: *vosotros sois yo...*
y me vi humillada en tierra.

Pero allí, creyéndome muda,
oí de la oscuridad el llanto.
Las almas del manantial de ese dolor

respiraban a mi lado.
Oí mi propio grito de auxilio
subir de yermos desiertos,
supe angustiada: *yo soy vosotros...*
y no pude guardar silencio.

Cobarde, cobarde mil veces,
hube de luchar con todo,
caer a tierra y levantarme
con todos los nervios rotos,
sentir como hierro candente
el juicio de los más duros...
y obedecer un fuego abrasador,
que desde la oscuridad florece.

Plegaria al sol

¡Despiadado, de ojos que nunca han visto la oscuridad!
¡Libertador que quiebras los hielos con dorados mar-
    tillos!
¡Sálvame!

Rectos como finas líneas se ven absorbidos a lo alto los
    tallos de las flores:
sus cálices quieren temblar más cerca de ti.
Los árboles lanzan su fuerza como columnas hacia su
    esplendor:
una vez arriba
extienden su abrazo de hojas sediento de luz, devotos.

Al ser humano arrastraste
desde una piedra anclada a tierra y de mirada ciega
hasta una planta viajera meciéndose con el viento ce-
    leste en la frente.
Tuyos son el tallo y el tronco. Tuya es mi columna ver-
    tebral.

Sálvala.
No mi vida. No mi pellejo.
Sobre lo externo no rige ningún dios.
Con los ojos apagados y los miembros rotos
es tuyo aquel que vivió erguido,
y en aquel que muere erguido
existes tú, cuando lo oscuro engulle lo oscuro.
El estruendo crece. La noche se ensancha.
La vida reluce profundamente valiosa.
¡Salva, dios vidente, salva
aquello que concediste!

Las voluntades jóvenes silban

Las voluntades jóvenes silban
como lanzas sin dueño.
La angustia las ha arrojado
a los espacios eternos.
Temblando de ansia de lucha
y de fuerza sin igual
buscan blancos que abatir,
poderes para adorar.

Las voluntades que maduran
se hacen árboles y arraigan,
dispuestos a proteger
el terreno en el que se alzan,
un mero trozo de tierra,
como la vida necesario,
donde algo valioso crezca
por los vientos desgarrado.

Si es escasa la parcela
frente a espacios que no acaban,
y el árbol quizá exánime

ante fulminantes lanzas,
no te olvides de esa hoja,
la de color verde vida,
ni te olvides de la savia
que bulle en todas sus fibras.

No tengas miedo, ten calma
esa noche de vendimia
en que las voces dirán:
«Marcada tienes la línea.
Tú también te aquietarás
entre los fieles que escuchan.
Sí, tú arraigarás también,
serás árbol que madura».

El portal

Demasiadas veces he cruzado el portal.

Se eleva altísimo y se borra a la luz del sol,
y bajo el arco se oyen pasar
vientos eternos en espacios eternos.
El umbral es de piedras de promesa, escalera que conduce a un altar,
al que consigue llegar quien se consagra como ofrenda,
con su tiempo ya ido y su tiempo por venir,
y una voluntad entera.

Demasiadas veces he cruzado el portal.

Y aun así, ruego:

Guardián de la puerta, señor de todo comienzo,
¡déjame pasar! Aún tengo fuerzas.
Tan cierto como que jamás oculté nada,
toma, pero toma hasta el último fragmento.

El día que divida, el día que calcule,
córtame el camino y arrójame al horno en llamas.
Todo es puerta. Todo es comienzo.
El eje de la vida está en tus manos.

Entera cruzo bajo el vertiginoso arco
y vientos eternos en espacios eternos
beben mi ofrenda.

Idilio

Tu voz y tus pasos caen suaves como el rocío sobre mi
jornada laboral.
Donde estoy sentada, a mi alrededor, es primavera en
el aire gracias a tu calor vivo.
Floreces en mi pensamiento, floreces en mi sangre, y a
mí solo me extraña
que mis manos, felices, no se abran como tupidas rosas.

Ahora el espacio de lo cotidiano se cierra a nuestro al-
rededor como una suave niebla ligera.
¿Temes acaso acabar en una cárcel, temes ahogarte en
la grisura?
No temas: en el núcleo de lo cotidiano,
en el corazón de toda vida,
arde con serenas llamas cantarinas una celebración ín-
tima, secreta.

Por la hora de la gran humillación

Por la hora de la gran humillación también quiero dar
    las gracias,
esa hora en la que uno ve que está desnudo
y sin el menor turbio resto de orgullo
se deja incorporar
como una mota de polvo a la corriente de mundos
    asombrosos...
asombroso todo, asombrosas la salud y la vida,
asombrosos el techo, el pan y el agua,
y más asombroso que nada, el favor inmerecido
de la confianza siempre reparadora de un ser humano.

Pira

Transparente, claro y ardoroso,
bello manto, ven a desplegarte,
adhiérete cauto como el agua
en torno a este cuerpo anhelante.
Aquí estoy amarrada y en paz,
sin rebeldía que malgastar.

Ni rastro de lucha infructuosa,
no me queda ya más resistencia.
Y en la ansiedad que no tiene aire
encuentro la paz de la paciencia.
Aquí toda esperanza detengo,
y es que ya otra cosa no deseo.

Como hoja de álamo, mi cuerpo,
como un leve resuello, mi alma,
y ahí dentro, lejos, muy al fondo,
soy libre haga lo que haga.
Un silencio inmenso me emociona
más allá de cuanto me destroza.

Invulnerable

Invulnerable, invulnerable
es quien entiende la palabra primigenia:
no existen la dicha ni la desgracia.
No existen más que la vida y la muerte.

Y cuando esto hayas aprendido y ya no persigas más el
    aire,
y cuando esto hayas aprendido y ya no te asuste más el
    viento,
vuelve y enséñame una vez más:
no existen la dicha ni la desgracia.
No existen más que la vida y la muerte.

Empecé a escribir cuando nació mi voluntad
y dejo de escribir cuando mi voluntad ha cesado.
El secreto de las palabras primigenias
lo seguimos adquiriendo hasta morir.

Es muy estrecho el camino

Es muy estrecho el camino que dos tienen por delante,
inhumanamente estrecho puede parecer a veces,
aunque de un camino de humanos se trate.

Del prehistórico cieno de las cosas enterradas
se alzan seres prodigiosos que el calor ha despertado
y te bloquean la senda por donde con gusto avanzas.

No existe huida posible que te pueda liberar.
Se te presentan de nuevo andando nuevos caminos.
Ya no te queda elección. Por ahí tienes que pasar.

*

Es escarpado el camino que dos tienen por delante,
camino de gran escarnio puede parecer a veces,
aunque del camino de la victoria se trate.

En un círculo da vueltas el sendero solitario,
el mismo claro espejismo en la misma fina arena,
esa misma sed de todo lo que está alejado.

Yo sé que dos que se esfuerzan tendrán su premio al
     final,
más sólido y más pesado que el sueño del solitario:
ese difícil crecer hasta hacerse realidad,

hasta el fondo del tuétano más íntimo
donde el ser humano surge y crece de fibras dispersas
y en monte y en raíz se convierte él mismo.

                    *

Es muy largo el camino que dos tienen por delante,
un camino de extravío puede parecer a veces,
aunque de una senda con señas y meta se trate.

Tiene también sus ángeles ataviados de centellas.
Ellos van rozando el polvo con su mano llameante
y las pesadas cadenas en niebla y brisa se quedan.

Y con su pie llameante andan rozando la tierra
y nueva la van creando en el ascua matutina,
y la llenan de salud, de consuelo y fortaleza

y de poder sobre todas las cosas que se avecinan,
y de esa luz entrañable que un buen día dos aceptan.

El caminante del desierto

Pesáis con falsas balanzas
y medís con falsas medidas,
no ante el cadí, que juzga a los delincuentes,
sino ante Alá, Alá, bendito sea su nombre,
el que ha creado la vida.

Mil dátiles compráis por una perla insignificante,
pero a mí, que pasé hambre en el desierto,
me cansa este cinto adornado de perlas
que no da alimento alguno,
y yo, que en la arena desfallecía,
no veo ya el esplendor en el puño de mi daga
decorada con joyas
que no apagan la sed.

Ni siquiera en esta ciudad de los minaretes, lejos del
    desierto,
me inclino ante los portales orgullosos,
las verjas doradas,
sino ante los pozos humildes y apartados
adonde pastores cubiertos de polvo llevan su rebaño
cuando traen leche al caer de la tarde.

Tu calor

Tu calor, tu suave calor
es lo que busco,
que fluía ya antes de que el hombre
pisara el mundo.
En los plumosos nidos de guaridas
de bosques ancestrales
ese calor protector sostenía
la vida y sus pilares.

De unos cielos ardientes de angustia
caemos hasta el fondo,
al oscuro nido donde la vida
no pide más de nosotros.
Los juegos de nubes son espejismo,
rocío especular,
pero cuanto es parido y cuanto pare
es don de la profundidad.

Amanece ya y resuenan los cielos
con un rumor de alas.
El ave vuela gritando de júbilo:

¡Vivo de la luz clara!
Pero en el silencio, ocultas, reposan
su suerte y su desgracia.
Tu calor, tu hondo calor
a mí me da el alma.

Eternidad

Una vez fue nuestro verano
igual que una eternidad.
En días de sol vagábamos
sin apenas un final.
Nadábamos en verdes simas,
muy fragantes y sin fondo,
y en nada temíamos la hora
en que se oscurece todo.

¿Qué fue de nuestra eternidad?
¿Cómo dimos al olvido
su sacra condición secreta?
Nuestro día fue un suspiro.
Avanzamos con pie trémulo,
dimos forma combatiendo
a una obra que será eterna
y cuya esencia es el tiempo.

Pero aún caen intemporales
gotas en nuestro regazo,
cuando de metas y nombres

ya lejos nos encontramos,
cuando el sol cae silencioso
sobre unas briznas de césped
y un mero juego y un préstamo
cualquier afán nos parece.

E intuimos la condición
que nos pusieron un día:
la de arder en el instante
de aquello que tiene vida;
y olvidamos lo temporal,
que perdura y que porfía,
por ese instante creador
que no alcanza su medida.

VI

A finales de los años setenta empezaron a renovar el centro de nuestro pueblo. Con motivo de esos trabajos, derribaron Björkebo, la casa en la que vivió Karin Boye de adolescente. Sin embargo, a ella no la olvidaron. En la nueva plaza pusieron rótulos con algunos de sus poemas y encargaron una escultura.

El sábado 1 de septiembre de 1980 descubrieron la estatua, un trabajo muy inspirado del escultor Peter Linde, que adoraba su poesía. Karin Boye está sentada en una roca, desde la que contempla la plaza. Siempre que la veía me recordaba a la diosa griega Deméter, que, sentada sobre una piedra, esperaba a que su hija Perséfone regresara del inframundo.

Es una obra de gran sensibilidad, que no adula, que no quiere impresionar, sin pompa ni aparato, solo una mujer de bronce que espera y que confía.

Dieciocho años después, me concedieron el premio que se instituyó en su nombre. Fui el primero en recibirlo. En la motivación, el jurado aludía a mi lucha por la libertad y la democracia, a relatos penetrantes sobre las condiciones del amor y de la amistad, a la excelencia en el uso del lenguaje.

Podría pensarse que me sentí orgulloso. Al contrario. Me sentí destrozado. Me sentí como un fanfarrón indigno de aquel reconocimiento. Yo no era ningún héroe. Más bien, un desertor. Lo que hice fue dejar en manos de otros la tarea de la lucha por la democracia, abandonar mi vida en busca de otra vida. Aun así, me alegraba de haber ganado un premio que me impulsó a leer cada vez más acerca de Karin Boye y, cuanto más leía, más fascinado estaba, pero más me identificaba con Margot Hanel.

No debió de ser fácil para ella, aunque Boye la presentara como su mujer. Margot no destacaba por su belleza; al contrario, era demasiado flaca, demasiado bajita y, aunque sí tenía una bonita sonrisa que nacía desde lo más hondo de su mirada, pocos eran capaces de apreciarla. Tampoco contaba con ninguna formación digna de tal nombre. Las amistades de Boye la consideraban una extranjera, como así era, y judía, por añadidura; lisa y llanamente, una aventurera que se aprovechaba de que Karin Boye mostraba una enorme necesidad de entrega, algo para lo que Margot tenía una capacidad excesiva.

Trató de aprender sueco sin mucho éxito, buscó trabajo y encontró un puesto de niñera, podríamos decir, pero los niños no la entendían, de modo que se vio obligada a buscar otro tipo de oficio, siguió una formación de encuadernadora y encontró un empleo que conservó a lo largo de su vida.

Margot vivía para Karin y les fue bien por un tiempo. Luego pasó lo que suele pasar, Karin se cansó, no podía trabajar, la presencia de Margot la oprimía, al tiempo que se sentía responsable de ella. Su carrera florecía, pero la pasión se iba enfriando, y Karin Boye quería que en su vida hubiera pasión, éxtasis, *un violonchelo en la noche*, como dice en un poema que escribió en esa época, pero Margot se había convertido en un violín desafinado y la sacaba de quicio. Las dos tenían cargo de conciencia: la una, por amar demasiado poco; la otra, por amar demasiado. Karin tenía a Margot y todo lo demás. Margot tenía a Karin y nada más.

Así estuvieron viviendo durante siete años. Aquello no se sostenía, y se acabó.

Karin se reencontró con su primer amor de juventud, un amor nunca correspondido, y cayó en la tentación de probar de nuevo. Cabe preguntarse por qué. La mujer en cuestión estaba casada, no había mostrado ningún interés por una relación homosexual e incluso reaccionó ofendida cuando comprendió la naturaleza del amor que Karin Boye le profesaba.

¿Por qué intentarlo una vez más?

¿Serían quizá las dudosas perspectivas de éxito o directamente el fracaso lo que la atraía? ¿El hecho de sentir una vez más ese dolor y esa vergüenza, de cometer una vez más el mismo error, para poder lamentarse después con armoniosos versos? Puede parecer cínico, pero no lo es, al contrario, es muy humano. Nos gustan nuestros fracasos, los cuidamos, los magnificamos y, con el tiempo, los embellecemos.

¿Quién quiere vivir una vida que no contenga un gran error o una gran pérdida? Es casi como no haber vivido. Lo trágico constituye una parte de la existencia humana, y Karin Boye no quería perdérselo.

De modo que se trasladó a la pequeña ciudad de Alingsås, en la parte occidental de Suecia, donde el amor de su juventud se estaba muriendo de cáncer.

No había nada que Margot Hanel pudiera hacer. Iba al trabajo, volvía a casa y permanecía allí, esperando a Karin.

Corría el año 1941. La Segunda Guerra Mundial asolaba Europa. Boye se debatía entre la responsabilidad por Margot y el viejo amor reavivado, que se negaba a ceder. No, nunca llegaría a haber nada más entre ellas dos. La noche del 23 de abril lo vio más que claro. Aquello fue definitivo. Boye se desesperó y salió corriendo en plena noche, una noche fría, la temperatura había caído hasta los cero grados. Dejó las llaves de la casa en la cómoda y se llevó unos somníferos.

Nunca volvió. Empezaron a buscarla. El periodista Peter Lenken escribió: «El domingo 27 de abril era un día soleado y cálido de primavera, ya habían brotado los tusilagos. Hacia las dos y media de la tarde, el agricultor Carl Gottfridsson iba dando un paseo por el bosque de Nolby. Llegó al mirador desde el que podía contemplarse al oeste el lago Mjörn, en cuyas playas aún había hielo. Junto a un par de rocas de gran tamaño, entre el brezo tierno, encontró a una mujer vestida de gris, en cuclillas, con el gorro cubriéndole la cara y los brazos cruzados sobre el pecho. Parecía dormida. A su lado había una botella de agua mineral».

¿Fue un suicidio? ¿Fue un accidente?

Nunca llegaremos a saberlo con certeza.

Para Margot Hanel, que se encontraba en Estocolmo, era irrelevante. Había perdido a Karin, el sentido de su vida, de su entrega, de su alegría. Resistió treinta y siete días, intentó contactar con los amigos de Karin Boye, con su familia. Todos le dieron la espalda.

El día número treinta y ocho se levantó y lo preparó todo con una meticulosidad desgarradora. Redactó su testamento, dejó en la mesa de la cocina el dinero necesario para pagar unas deudas menores que tenía, aisló con papel de periódico las rendijas de puertas y

ventanas, se puso un pijama limpio, extendió un col-
chón en el suelo, colocó a su lado una fotografía de
Karin, con una vela a cada lado, cogió el último libro
de poemas de Boye, *Sea por el árbol,* abrió el gas y se
tumbó dispuesta a morir. Lo consiguió.

VII

Cuentan que Sören Kierkegaard dijo de H. C. Andersen que «él sabrá mucho de gente que nace de pie, pero yo sé de qué pie cojea la gente».

Me viene a la cabeza esa maldad sutil cuando veo fotos antiguas de Karin Boye. «Será Hjalmar Söderberg quien escribió *El juego serio*, pero es Karin Boye quien tiene la seriedad en la mirada», me digo cuando veo sus ojos en las fotografías que hay en las paredes.

La mansión de Fullersta se encuentra en el centro de Huddinge, a cinco minutos de la estación de tren. Es una casa solariega antigua bien conservada, con dos alas, toda pintada de un tono amarillo cálido, donde organizan exposiciones y que alberga una cafetería y el cuarto de trabajo de Karin Boye.

Y ahí me senté yo una tarde, hace ya tiempo, rodeado de sus cosas. En el sillón había un vestido negro. A su lado, un par de zapatos negros muy elegantes. Por el altavoz se oye a la propia Boye recitar sus poemas.

El día que nos saciamos, ese nunca es el más grande.
El día mejor es siempre un día de sed y de hambre.

Visitar museos dedicados a un escritor o a un artista en concreto produce un sentimiento ambivalente. A lo largo de mi vida he visto unos cuantos. Todos ellos transmiten cierta dosis de mentira, no malintencionada, no calculada y, aun así, el orden y la veneración que exigen al visitante me producen cierto vértigo. ¿Dónde está la cara oculta de sus vidas? ¿Dónde está Margot Hanel?

Desde luego, no en la habitación de Karin Boye. Ahí están los libros que leía, las cartas que escribió, la mesa en la que se sentaba a trabajar, dos sillas de madera e incluso sus maletas de color marrón. Tres maletas, de distintos tamaños. Son del mismo tipo que la que yo tenía cuando llegué a Suecia. Ese detalle no significa nada, pero no puedo dejar de pensar en ello.

No son de esas maletas que uno lleva para viajar, sino para huir. Son ligeras y pequeñas. En ellas cabe a duras penas lo imprescindible.

Lo único que Karin Boye siempre llevaba consigo era esa mirada grave.

En aquella habitación de la segunda planta de la casa de Fullersta sigue viviendo Karin Boye. Quizá también Margot Hanel, en el espacio vacío que queda entre dos líneas.

THEODOR KALLIFATIDES

Bungenäs, 1 de agosto de 2021

Índice

173